Sonderausgabe der Schule Schloß Salem zum
100. Geburtstag von Kurt Hahn

Kurt Hahn:
Erziehung und die Krise der Demokratie

Reden, Aufsätze, Briefe eines politischen Pädagogen

Herausgegeben von
Michael Knoll

Klett-Cotta

Inhalt

Einführung 7
1 „... will Lehrer werden, nicht Königl. Preußischer Unterrichter"
  Ein Brief aus Oxford 15
2 „... die Kraft des Denkens mit dem Willen zur Tat vereinigen"
  Aus einer politischen Rede im Ersten Weltkrieg 21
3 „... dieses Bekenntnis wäre in meinem Munde eine Lüge"
  Der Entwurf für Brockdorff-Rantzaus Rede in Versailles 24
4 „... es ist wieder das Zeitalter der Burgen"
  Ein Brief aus Salem 29
5 Die nationale Aufgabe der Landerziehungsheime
  Pläne für eine Erziehungsbewegung 32
6 „... einer faschistischen Erhebung entgegen"
  Ein Brief von 1930 52
7 „... es geht um Deutschland"
  Das Rundschreiben von 1932 54
8 Ein Internat in Deutschland
  Vortrag über Salem 55
9 „... die Public School als Zentrum sozialen Dienstes"
  Skizzen von Gordonstoun 67
10 Ein Fitness-Abzeichen
   Entwurf für den Duke of Edinburgh Award 72
11 Über das Mitleid
   Eine Predigt im Zweiten Weltkrieg 74
12 Kurzschulen
   Bericht über Outward Bound 83
13 Schulen der Nationalitäten
   Der Plan für die United World Colleges 87
14 Erziehung und die Krise der Demokratie
   Sorgen und Hoffnungen eines politischen Pädagogen .. 91

Quellennachweis 107
Weiterführende Literatur 108
Zeittafel 109

Einführung

„Er war der hilfreichste, generöseste Mensch, den ich je kannte; reich an Ideen, reich an Energien und List, um sie zur Wirklichkeit zu bringen. Er hatte es nicht leicht: als Jude in einer zuerst diskret, dann immer brutaler antisemitischen Gesellschaft; als einer, der von Natur aus kränkelte, auch psychische Depressionen kannte, aber die Gesundheit liebte und andere zur Gesundheit führen wollte; als *christian gentleman* unter Heiden. Seinen guten Willen konnten auch die bittersten Erfahrungen nicht brechen."

Diese Worte des Gedenkens widmete Golo Mann seinem 1974 verstorbenen Lehrer und Freund, Kurt Hahn, dem bedeutenden Reformpädagogen und Politiker aus Leidenschaft. Kaum jemand – so sagt man – konnte Kurt Hahn gegenüber gleichgültig bleiben, seine Reden und Initiativen bewegten die Gemüter – von Scheidemann bis Hartmut von Hentig. Kurt Hahn brauchte nicht Amt und Würden, um sich Gehör zu sichern. Man rühmt seinen Charme und seine Herzlichkeit; die zwingende Kraft seiner Person war es, die Staatsmänner, Industrielle, Militärs, Gelehrte weltweit und so zahlreich zu Freunden und Förderern seiner Ideen und Projekte werden ließ.

Kurt Hahn, geboren 1886 in Berlin, stammte aus dem industriellen Großbürgertum mit alter Rabbiner- und Lehrertradition. Früh fühlte er sich zum Erzieher berufen, und so galt das Studium in Oxford und Göttingen vor allem der Philosophie, Altphilologie und Pädagogik. Doch seine Karriere begann in der Politik. Wegen mehrerer Gehirnoperationen nicht kriegstauglich, trat der 28jährige 1914 als Englandexperte in Paul Rohrbachs „Zentralstelle für Auslandsdienst" ein und analysierte die Presse und durch sie die politische Stimmung im Lager des Gegners. Später wechselte er in die „Militärische Stelle des Auswärtigen Amtes", wo er zum nächsten Mitarbeiter des Obersten von Haeften avancierte, dem politischen Berater Ludendorffs.

Die Beziehungen, die Kurt Hahn hatte und knüpfen konnte, reichten weit und in verschiedene Richtungen. Er verkehrte mit den führenden Sozialdemokraten Eduard David und Albert Südekum, mit den Liberalen Friedrich Naumann, Hans Delbrück und Carl Haußmann. Man sah ihn auf internationalen Konferenzen der Pazifisten und Sozialisten und auf Sondermissionen im neutralen Ausland. Denkschriften und Redeentwürfe wurden von ihm verfaßt, auch für Bethmann-Hollweg und Kolonialminister Solf, vor allem aber für Prinz Max von Baden, dessen engster politischer Vertrauter er wurde.

Von Kurt Hahn kam ursprünglich der Gedanke, daß Prinz Max von Baden Reichskanzler werden sollte; und mit erstaunlichem Geschick und mit Hilfe einflußreicher Bundesgenossen gelang ihm das schließlich auch – allerdings zu spät, um den Krieg auf eine für die Ehre aller beteiligten Mächte erträgliche Weise zu beenden. Der Verständigungsfriede, wie Hahn ihn wollte, bedurfte einer „politischen Offensive", die Vernunft mit Psychologie und Moral verband. Humane Kriegsführung, argumentierte der pragmatische Idealist, ist nicht nur sittlich gefordert, sie nützt auch als ein Mittel, die Öffentlichkeit der Gegner zu gewinnen. Und ähnlich war seine Argumentation, wenn er für die Wiederherstellung der Souveränität Belgiens eintrat, sich gegen den unbeschränkten U-Boot-Krieg aussprach, zu einem Friedensschluß im Osten riet, der die Rechte der von zaristischer Herrschaft befreiten Völker sichern sollte. Was Kurt Hahn in der deutschen Politik vermißte, war die „Methode der heilenden Staatskunst": „Verhandlungen werden vorbereitet durch eine öffentliche Aussprache, die gewissermaßen die Basis der Verständigung schon findet und sie den Völkern so deutlich macht, daß die öffentliche Meinung in den kriegsführenden Ländern auf den Versuch hindrängt, die bestehenden Differenzen durch diplomatische Verhandlungen zu überbrücken." Hahns Vorstellung vom Primat offener Politik hatte unter der Militärdiktatur Ludendorffs und der Geheimdiplomatie des Auswärtigen Amtes keine Chance. Und im Oktober 1918, als Prinz Max von Baden Reichskanzler und Kurt Hahn sein Privatsekretär wurde, da waren durch das überstürzte Waffenstillstandsgesuch und den Zusammenbruch des Kaiserreiches die Voraussetzungen nicht mehr gegeben, um mit den Alliierten aus einer Position der Stärke einen Verständigungsfrieden auszuhandeln; selbst

Hahns gute Beziehungen zu amerikanischen Diplomaten halfen da nichts.

Je näher die Friedensverhandlungen rückten, desto dringender schien es Kurt Hahn, die Weltmeinung zum Widerstand gegen die zu erwartenden Bedingungen aufzurufen. Auf seine Anregung und Vorbereitung hin gründeten Prinz Max von Baden und Max Weber die „Heidelberger Vereinigung" mit dem Ziel, einen auf den Wilsonschen 14 Punkten beruhenden konstruktiven „Frieden des Rechts" zu erreichen. Den Standpunkt nationaler Würde und Gerechtigkeit, wie er ihn verstand, konnte Hahn als Berater der deutschen Delegation dann auf der Konferenz von Versailles öffentlich zum Ausdruck bringen; denn die große Rede, die Außenminister Brockdorff-Rantzau bei der Entgegennahme der Friedensbedingungen hielt, war in den entscheidenden Passagen sein Werk. „Es wird von uns verlangt, daß wir uns als die allein Schuldigen am Kriege bekennen; ein solches Bekenntnis wäre in meinem Munde eine Lüge" – hieß es da, und nach einer Schilderung der „Hungerblockade" gegen Deutschland: „Daran denken Sie, wenn Sie von Schuld und Sühne sprechen." Diese Sätze sind in die Geschichte eingegangen, am Ergebnis des Versailler Vertrages haben sie wohl wenig zu ändern vermocht.

In den zwanziger Jahren war Kurt Hahn kaum politisch tätig, seine Arbeit galt vor allem dem Aufbau der Schule in Salem und den Memoiren des Prinzen Max. Der neuen Demokratie von Weimar begegnete er mit Distanz, ihn störte der Mangel an Würde und Patriotismus. Sorge bereiteten ihm zunehmend auch die Wahlerfolge der Nationalsozialisten. „Die Diktatur des Proletariats wie des Faschismus", konnte man bereits 1927 lesen, „ist dem deutschen Volke wesensfremd ... der Widerwille gegen jenen Parlamentarismus, wie er sich bei uns in Nachahmung mißverstandener westlicher Einrichtungen herausbildet, kann dazu führen, daß politische Unbesonnenheit nach faschistischen Experimenten greift." Doch Hahns Haltung dem Nationalsozialismus gegenüber war zeitweise nicht frei von deutsch-nationalen Illusionen. Hitler sollte nicht an die Macht kommen, deshalb nahm Hahn auch Kontakt zu Brüning, Papen und Hindenburg auf und veranstaltete mit Leopold Ziegler die „Salemer Tagung"; aber

Hitler und seine Partei ließen sich vielleicht gebrauchen: „Die Nazis müßten erfunden werden, wenn sie nicht existierten." Ihre Funktion sah Kurt Hahn Anfang 1932 darin, die zerstrittene politische Mitte zu einigen, die Macht des Reichspräsidenten zu stärken und die Revision des Versailler Vertrages zu beschleunigen. Als Hitler jedoch im Potempa-Fall politischen Mord verherrlichte, da nahm Kurt Hahn – ein Humanist und Liberaler sein Leben lang – öffentlich Stellung gegen die nationalsozialistische Gewaltpolitik. Die Verhaftung und dann die Verbannung aus Baden im März 1933 waren nur folgerichtig. Ohne rechten Rückhalt schien ihm kein Ansatz mehr gegeben zu oppositionellem Handeln. Von Ferne bemühte er sich, die neuen Machthaber für die unveränderte Erhaltung Salems zu gewinnen, dann verließ er Deutschland und gründete, 47jährig, die British Salem Schools in Gordonstoun.

Auch in England besaß Kurt Hahn bald wieder ein System von Bekanntschaften – Professoren, Journalisten, Aristokraten, durch die er zu wirken versuchte. Die britische Öffentlichkeit sollte die grausame Existenz der Konzentrationslager und die Gefahren einer Politik zur Kenntnis nehmen, die zuerst auf Beschwichtigung und später auf bedingungslose Kapitulation setzte. Doch für einen deutschen Emigranten waren die Einflußmöglichkeiten begrenzt; und nach dem Zweiten Weltkrieg, als Hahn zu einer der großen Gründergestalten der internationalen Reformpädagogik wurde, beschränkte sich seine politische Tätigkeit zumeist auf Leserbriefe an die „Times" und gelegentliche Gespräche mit Theodor Heuss, dem Bischof von Chichester, dem amerikanischen Außenminister Herter – über die Atombombe, die deutsch-englischen Beziehungen, die Ostpolitik.

Für Kurt Hahn war die Erziehung nicht eine Sache der Politik, vielmehr umgekehrt die Politik eine Sache der Erziehung. „Das Ziel", so schrieb er 1918 in einer Regierungserklärung des Prinzen Max von Baden, „ist die politische Mündigkeit des deutschen Volkes ... Nicht die Willkür der eingesetzten Gewalten, sondern der Mangel an politischem Machtwillen im Volk erhielt Deutschland so lange als Obrigkeitsstaat." Damit ist der eigene und eigentliche Standort Kurt Hahns bezeichnet. Auch als Politiker dachte er in pädagogischen Kategorien, und bei all seinem Tun und Planen ging es ihm letztlich immer um „staatsbürgerliche Erziehung": er wollte andere dazu bewegen, die Welt heil zu erhalten oder – wo das versäumt worden war – sie heil zu machen.

Kurt Hahn indes ein modern demokratisches Politikverständnis zu unterstellen, wäre zumindest ungenau. Was ihm vorschwebte, orientierte sich am konservativen Liberalismus des 19. Jahrhunderts. Vor allem im viktorianischen England schien ihm das Parlament in der Lage, eine starke Regierung der Besten hervorzubringen; und die Kontrolle über Parlament und Regierung lag offenbar bei einer Bürgerschaft, die fähig war, die Verletzung von Rechtsstaatlichkeit und Menschenwürde zu erkennen und durch bundesgenössisches Handeln wieder in Ordnung zu bringen. Politik hatte aus seiner Sicht weniger mit Parteien und der Pluralität gesellschaftlicher Interessen zu tun, sie war im Grunde eine Angelegenheit der Moral und des Charakters. „Die Welt", sagte Napoleon, und Hahn stimmte ihm voll und ganz zu, „geht nicht an der Schlechtigkeit der Schlechten, sondern an der Schwachheit der Guten zugrunde." Hahns Erziehungsideal war der tatkräftige, humanitär gesinnte Mensch, dessen Bewährungsraum Gemeinschaft und Staat sind. Im „Salemer Reifezeugnis" standen daher die Tugenden der Gerechtigkeit, des Gemeinsinns, der Zivilcourage an oberster Stelle. Die Krise der Demokratie, wie Hahn sie diagnostizierte, entsprang dem Egoismus gemeinwohlferner Politiker und dem unpolitischen Individuum, das fraglos Gehorsam leistet und keine Nächstenliebe kennt. Ihm, dem pädagogischen Optimisten, schienen Macht und Moral durch Erziehung versöhnbar.

In fünf Jahrzehnten schuf Kurt Hahn eine internationale Erziehungsrepublik, die wohl ihresgleichen nicht hat: heute erstreckt sie sich über fünf Kontinente und reicht von Internatsschulen über die Outward Bound Schools und United World Colleges bis hin zum Duke of Edinburgh Award – Einrichtungen, an denen immer auch gewichtige Mitgründer beteiligt waren. Salem und die daraus hervorgehende Erziehungsbewegung sollten Modelle abgeben für eine Reform des traditionellen staatlichen Bildungswesens. Im Mittelpunkt standen dabei nicht Unterricht und Belehrung, sondern Charaktererziehung im Sinne einer „Erziehung zur Verantwortung" und ein Lernen, das durch konkretes Handeln und praktischen Lebensbezug gekennzeichnet ist. Jedes Kind sollte sich selbst, seine „wahre Berufung" erfahren können, und da Selbsterfahrung und Einstellungen zu großen Teilen im sozialen Zusammenhang erworben werden, mußte das Gemeinschaftsleben eine besondere Rolle spielen. So entwickelte Kurt Hahn eine Erlebnispädagogik, die der Sehnsucht des Heranwachsenden nach Bewährung und experimentellem Erkunden auf vielfältige Weise entgegenzukommen sucht, ohne jedoch einer „Schmeichelpädagogik" zu verfallen. „Gebt den Kindern Gelegenheit, sich selbst zu entdecken ... Laßt sie Triumph und Niederlage erleben ... Weist ihnen verantwortlich Aufgaben zu, bei denen zu versagen den kleinen Staat gefährden heißt ... Übt die Phantasie" – das bestimmten die „Salemer Gesetze", und ihnen lag ein Erziehungsplan zugrunde, der gesellschaftlichen Fehlentwicklungen entgegenwirken und den jungen Menschen zu sittlicher Stärke und ritterlicher Gesinnung führen wollte. Daran hat man Kritik geübt und gesagt, hier sei Erziehung durch Moral ersetzt und Geist der Tugend geopfert; Hahns Willenstraining verführe zu Weltfremdheit, doppelter Moral, Konformität. Ohne Zweifel überschätzte Kurt Hahn den charakterformenden Wert des Sports und verkannte zum Teil, wie notwendig Einsicht für die moralische Erziehung, wie wichtig intellektuelle Bildung durch Unterricht sein kann. Sexualität erschien ihm vielleicht allzu sehr als Bedrohung, gegen die der Heranwachsende geschützt werden muß. Dennoch ist offensichtlich, daß Sittlichkeit der guten Gewöhnung bedarf und Kurt Hahn den Jugendlichen Erfahrungen machen läßt, die zu den in der Lernschule vernachlässigten Grundbedürfnissen gehören. Projektarbeit, Schülermitverantwortung, vor allem aber die Dienste bieten Möglichkeiten des sozialen Lernens für und an der Gesellschaft von großer Attraktivität und Entfaltungskraft. Bei Seenotrettung, Schulfeuerwehr, Sozialdienst können die Jugendlichen in herausfordernden, zuweilen abenteuerlichen und ernsthaften Situationen Intelligenz und Phantasie unter Beweis stellen, den Sinn engagierten Einsatzes und die Grenzen ihrer eigenen individuellen Leistungsfähigkeit kennenlernen; manche Form explorativer Kriminalität und Destruktion mag sich dadurch erübrigen. Hahns Erziehungsphilosophie ist im Kern eine Philosophie des „reinlichen Abenteuers" und der „aktiven Humanität". Mit der Idee der Dienste, die bis heute das Besondere seiner Erziehungseinrichtungen ausmacht, hat er einen unübersehbaren Beitrag zur Sozial- und Friedenspädagogik geleistet.

Für Kurt Hahn war Elitenbildung das Schlüsselproblem auch im demokratischen Staat. „Erziehung zur Verantwortung" meinte dann Erziehung der kommenden „Führer der Nation" zu charakterfesten, dem Gemeinwohl verpflichteten Menschen, nicht korrumpierbar durch Macht, Opportunismus und Moden des Zeitgeistes. Doch Kurt Hahn war trotz seiner besonderen Affinität zu Adel und bestimmendem Bürgertum nicht nur Prinzenerzieher und Elitenpädagoge. Seine Intention richtete sich von Anfang an auf eine Erziehung für alle, auch wenn sich diese Pläne erst seit den dreißiger Jahren konkretisierten und manches unverwirklicht blieb. Möglichst jeden Jugendlichen suchte er anzusprechen und zu aktivieren – unabhängig von Schicht, Bildung, Rasse; denn ihm war bewußt, daß Standesprivilegien überholt und Führung und Verantwortung auf allen Ebenen der Gesellschaft gefordert sind. Das Niveau der Eliten wird vom Niveau ihrer sozialen Basis mitbestimmt, daher bedeutete Elitenbildung für ihn letztlich allgemeine Jugenderziehung. Hahn zitierte gern den Satz: „Die Aristokratie ist das Salz, auf das die Demokratie nicht verzichten kann." Unter Aristokratie verstand er nicht einfach die durch Herkunft oder Ansehen Privilegierten, sondern idealerweise eine schichten- und nationenübergreifende „Aristokratie der Hingabe", die – wo immer es sei – soziale Verantwortung zu tragen weiß. Seine Einrichtungen sollten jedem Heranwachsenden offenstehen; unermüdlich warb er um Spenden, damit niemand aus finanziellen Gründen vom Besuch seiner Schulen ausgeschlossen blieb.

Seine Gedanken und Formulierungen weisen über die 88 Jahre seines Lebens eine Kontinuität auf, die erstaunt: im Wandel der Dinge schien Kurt Hahn immer der gleiche. Er glaubte an die Macht der Erziehung und haßte Gleichgültigkeit gegenüber Leid, Unrecht, Gewalt; Völkerverständigung war ihm ein Herzensanliegen von Anfang an. Sicherlich gibt es Äußerungen über „ethischen Imperialismus", über Hitler und die Ziele nationalsozialistischer

Politik, die irritieren können, aber sie verlieren im Kontext gelesen an Bedeutung und entstammen dem Glauben, daß selbst das anscheinend Böse sich noch zum Guten wenden läßt. Kurt Hahn war ein Praktiker, eher der romantischen Tradition zugehörig als der aufklärerischen, tiefe theoretische Begründungen hatten da keinen Platz. Der Geschichte entnahm er – von Platon bis Winston Churchill – frei in der Auslegung Sentenzen und Beispiele, um das schier Unmögliche als möglich, das sittliche Geforderte als nützlich zu erweisen. Immer wollte er helfen und heilen. Die stete Sorge galt gegenwärtiger Not und Krise, dem im Augenblick Schwachen und Bedrohten; selbst in hoffnungslosen Lagen suchte er nach einer Lösung. „Kurt Hahn", so stand in einem Nachruf, „verband die Tugend der Ungeduld gegenüber dem Unrecht mit der Tugend der Geduld gegenüber dem Betroffenen" – und dies, fügte der Hahn-Schüler Hellmut Becker hinzu, sei „die wichtigste Eigenschaft des Erziehers".

Das Œuvre von Kurt Hahn umfaßt Schriften unterschiedlichster Art. Die politischen Memoranden und Redemanuskripte sind nur zum Teil bekannt, sie tragen zumeist nicht seinen Namen und liegen verstreut in den Archiven zwischen Potsdam und Washington. Der Nachlaß, der wichtige Briefe und Literarisches enthielt, gilt als verschollen; hingegen sind die Schriften zur Erziehung fast vollständig überliefert. Die Quellenlage, aber auch der Schwerpunkt seines öffentlichen Wirkens machen verständlich, daß die pädagogischen Ideen und Gründungen im Zentrum der Textsammlung stehen. Aus den Briefen und politischen Schriften kann gleichsam exemplarisch nur weniges vorgestellt werden.

1 „... will Lehrer werden, nicht Königl. Preußischer Unterrichter"
Ein Brief aus Oxford

Der Brief von 1904 ist das älteste Schriftstück, das wir von Kurt Hahn kennen. Kurt Hahn hatte zu jener Zeit gerade das Abitur gemacht und fing in England an, Altphilologie und Philosophie zu studieren. Mit dem Empfänger des Briefes, Leonard Nelson, war er seit der Kindheit befreundet. Man hatte auch zusammen in Hahns berühmtem „Lesekränzchen" klassische Dramen vorgetragen. Um 1910 besuchte Kurt Hahn bei Nelson, dem jungen Dozenten und späteren Gründer der Philosophisch-Politischen Akademie und des Landerziehungsheimes Walkemühle, in Göttingen Seminare über Ethik und Philosophiegeschichte. Der Brief belegt auch, daß Kurt Hahns Schulerzählung „Frau Elses Verheißung" (1910) stark autobiographische Züge trägt.

Christ Church Oxford, 16. XI. 1904

Mein lieber Leonard!

Brinkmanns Anwesenheit mahnt mich an die alte Verpflichtung, Dir einen Brief zu schreiben. Er hat wie viele Gutes von Dir empfangen, weiß es und gesteht es und erinnert mich dadurch einmal daran, was ich Dir danke, und dann belebt er den alten Wunsch, noch viel mehr Dir danken zu müssen. Da nun wir Menschen allermeist so veranlagt sind, daß wir Wohltätern ihre Bemühungen für uns nur danken, wenn sie Erfolg gehabt haben, und Du noch keine Wirkung Deiner wohlmeinenden Worte bei mir gesehen hast, so wirst Du vielleicht erstaunt fragen, „Was dankt mir Kurt Hahn?" Nun höre ihm eine Weile zu und Du wirst es wissen.

Vor nunmehr drei Jahren war ich in Gefahr, einem weichlichen Genußleben zu verfallen, nicht körperlich, aber moralisch und intellektuell. Ich schwärmte für jede „Tugend", wie ich dachte, und suchte sie mir zu gewinnen. Ich schauderte vor der Sünde zurück und hielt es für eklig, mit schlechten Menschen in Berührung zu kommen. Mein Zukunftstraum gestaltete sich fast wie das

Ideal des wabbligen Schweins Horaz: „der profanen Menge fern zu bleiben und sich in seine Tugend einzuwickeln". Und mein Ziel einer intellektuellen Beschäftigung war nur Ästhetik: Natur, Kunst, Dichten passiv und aktiv genießen, also mich Jahrtausende zurückzuträumen – oder ohne Euphemismus gesprochen – zurückzulügen. Kurz, ich war ein Romantiker der schlimmsten Sorte. Da sind zwei Menschen gekommen und haben mit starker Hand an meiner Weiberstimmung gerüttelt. Die beiden waren Alec Marcan und Du. Alec Marcan* hat mir gezeigt, daß sich in seine Tugend einzuhüllen so etwas wie ein „schwarzer Schimmel" ist, denn eine Tugend ist nur positiv, und Nichtsündigen ist nur eine notwendige, aber keine hinreichende Vorbedingung. So habe ich gesehen, daß es meine Pflicht ist, mich mitten in den Erdenschmutz hineinzustürzen, zu retten und zu helfen, bis meine Kräfte erlahmen, daß meine Moral Ästhetik war und nicht viel mehr.

Und Du hast mir gezeigt, daß Ästhetik treiben wohl eine löbliche, ja erforderliche Beschäftigung ist, aber als dauernde und einzige mir nicht das Recht geben würde, mich einen gebildeten Menschen zu nennen; denn Bildung ist relativ, dem Fortschritt der Zeit entsprechend anders geartet, und zwischen meiner „Bildung" und der eines mittelalterlichen Mönches war höchstens ein quantitativer Unterschied, der sich auch nur durch mein größeres Material erklärte. Also kurz, Du hast mir gezeigt, daß es meine „Pflicht" ist, mich mit Naturerkenntnis, mit Philosophie zu beschäftigen. Um den Ausdruck „Pflicht" zu rechtfertigen, muß ich Dir erst sagen, was ich darunter verstehe: Pflicht im allgemeinen ist das Erfülltwerdenmüssen von Bedingungen, die zur Erreichung eines in Aussicht genommenen Zieles notwendig sind. Hier kann einer einwenden: Also wenn einer, der morden will, alles tut, was notwendig ist, um seinen Mord auszuführen, so hat er seine Pflicht erfüllt. Ja! denn Pflicht ist subjektiv. Wenn aber der, der morden will, das Endziel des sittlichen Handelns im Auge einmal gehabt

---

* Alec Marcan, ein Engländer, hatte zusammen mit anderen den 16jährigen Kurt Hahn für das englische Reforminternat Abottsholme begeistert und ihm Hermann Lietzens Loblied darauf: „Emlohstobba" geschenkt. „Das Buch", so Hahn später, „wirkte wie ein Ruf des Schicksals".

hat, so hat er seine Pflicht in bezug auf dieses Endziel vernachlässigt, wenn er gemordet hat, also auch wenn er all das getan hat, was zu dem Mord erforderlich ist. (Bitte sieh, ob ich Recht habe.) Demnach ist die Beschäftigung mit „Philosophie" Pflicht in bezug auf das Ziel Bildung. Wohl dem, dem Pflicht und Neigung denselben Weg weisen. Mir wurde dies Glück beschieden, als ich erkannte, daß es meine Pflicht war, meine Fähigkeiten in den Dienst der Allgemeinheit zu stellen; denn meine Neigungen im gesunden Zustande hatten mich auch schon früher auf „Philanthropeia" hingewiesen. Und das Horazische Jammerideal stellte nur eine temporäre Krankheit meiner Neigungen dar, und die Erkenntnis brachte Gesundung.

Aber meine Neigungen wiesen mich nicht den Weg der Philosophiebeschäftigung. Sie waren nicht krank die Neigungen, die mich auf Ästhetik hinleiteten, im Gegenteil kerngesund; es waren auch nicht Neigungen vorhanden, die mich von Philosophie direkt ablenkten, das wären dann sogenannte Abneigungen gewesen, in diesem Falle Abnormitäten, um in dem Bilde der Krankheit zu bleiben; es fehlten aber andere Neigungen, die mit der erwähnten Pflicht mich zur Philosophiebeschäftigung drängten. Und die Erkenntnis, die im anderen Falle gesunde Neigungen von Erkrankung heilen konnte, hatte hier nicht die Zeugungskraft, neue entstehen zu lassen, sondern brachte nur einen Wunsch für die Zukunft hervor.

Ich sage Dir das alles, lieber Leonard, um Dir zu zeigen, daß Du nicht – durch Deinen frühen Philosophieeifer verleitet – von anderen das gleiche erwarten darfst; denn Dich haben Neigung und Pflicht zur Philosophie getrieben schon im frühen Alter, und Du hattest nicht lange in dem Maße wie ich ästhetische Interessen, die nach Betätigung dürsteten. „Was, Du willst Nicht-Erfüllung einer Pflicht durch Mangel an entsprechenden Neigungen entschuldigen?" würde ich wahrscheinlich an Deiner Stelle vorschnell einwerfen; Du aber hörst mich ruhig weiter an. Was ich bis jetzt gesagt habe, ist so nur eine Begründung und keine Entschuldigung.

Du weißt, was ich in der Schule gelitten: Du hast ja meine Mutter von dem Direktor herauskommen sehen. Da weißt Du auch, wie das Schulgespenst in unserem Hause umging; eine Kette von Aufregungen und Entrüstungen war meine Schullaufbahn. Und diese Schule legte mir Pflichten auf, Pflichten in bezug auf das Ziel Abiturium. Ich erfüllte sie mehr oder weniger, ich hatte viel Zeit, aber wenig Muße; denn wenn auch die Arbeit wegfiel, die Unruhe und das Gefühl des Ekels blieben. Und in diesem „negotium" ging ich meinen schönen Neigungen nach, die eben nur durch ihre Vereinzelung ein „Genußleben" hervorbringen können. Und wenn diese Schule, die oft eine Totenstätte dadurch wird, daß die Körper leben bleiben und die Seelen sterben, wenn dieser Marterkasten grausamer und grausamer gegen mich wurde, so haben meine starken „Neigungen" mir Mut und Trost gebracht, und ich habe durch meine literarischen Interessen bei der Elenderei viele schöne Stunden verlebt, gerad wie Du durch Deine „Neigungen". Wenn nun eine lästige Pflicht dauernd einen plagt, so sucht man Erholung in seinen Neigungen und meidet auch eine Pflicht, die nicht sofortige Erfüllung heischt und zu der keine Neigungen einen treiben. Und das Fehlen dieser Neigungen wurde eben durch meine Erholungsbedürftigkeit und die Fähigkeit der Literatur verursacht, mir Erholung von der Plackerei zu gewähren.

Nun, es sind jetzt drei Jahre hingegangen, seit Du und Alec Euren ersten Reformversuch machtet. Ich bin seit zwei Monaten frei: ich habe mich in den ersten Wochen körperlich erholt (Sonnenstich*), und das war nötig, denn jede Lektüre, auch Shakespeare, verursachte mir Kopfschmerzen. Dann bin ich nach Oxford gegangen; es stürmten neue Eindrücke ein, der Zauber überwältigte mich, den die altersgrauen Klosterschlösser und die gesunden Gestalten, die sich jugendfrisch auf dem Rasen tummeln, auf den Beschauer ausüben. Jetzt aber ist der Rausch verflogen: Ich genieße ruhig und urteile nüchtern. Die Ernüchterung ist vollendet worden durch Heimatklänge: Brinkmanns ostpreußische Schnabberschnauze hat gewaltet. Ich rede nicht von dem Inhalt seiner Worte, nur von dem Tonfall.

---

* Der Sonnenstich von 1904 ist folgenreich. Kurt Hahn leidet nun trotz zahlreichen Operationen immer wieder an qualvollen Kopfschmerzen. Ihnen sucht er mit Hut und Sonnenbrille zu entgehen, und auf der Flucht vor sommerlicher Hitze lernt er auch den kühlen Norden Schottlands kennen und schätzen.

Und jetzt kann ich Dir frohe Kunde senden: Mein vager Wunsch, der sich nur auf das *fait accompli* richtete, hat sich zur Neigung entwickelt, die sich aufs Streben nach dem Ziel richtet: Ich will versuchen, mir durch rastlose Arbeit Klarheit über das Wesen der Dinge zu schaffen; denn es ist notwendig zu meinem Glück. Und was mich einst beruhigt und eingeschläfert, als Pflicht mir nur gebot, das Vertrauen auf Dich (es ging mir so etwa wie manchem Christen mit dem Erlöser: „Ich kann rasten, der wird's schon machen") – dieses Vertrauen ist jetzt, wo die Neigung mit der Pflicht in ein Horn stößt, ein kräftiger Ansporn geworden. „Du sollst mein Führer und Geleiter sein." Ich sehne mich nach Deinem Regime bei der bevorstehenden Tätigkeit. Was Du nach diesem Bekenntnis zu tun hast, weißt Du wohl selbst. Bestelle mir die Bücher, die ich lesen soll, und lasse sie mir mit quittierter Rechnung hierher schicken. Nur laß mich nichts lesen, was literarische Prätentionen macht und nicht erfüllt. Das wäre eine schwere Versuchung.

Du darfst nicht denken, daß nun die alten Neigungen absterben werden; nein, sie werden durch die neuerwachten erst richtige Existenzberechtigung gewinnen. Und ich werde wohl mein Leben lang meine Erholung in ihnen finden, werde aufgehen im Studium des Griechentums, ja auch nicht von meinen Dichtungssünden lassen; aber meine ästhetischen Neigungen werden mir nur als Mittel dienen, um zu dem Beruf zu gelangen, den meine moralische Gesinnung mir vorzeichnet.

Der einstige Kunsthistoriker will Lehrer werden, nicht Königl. Preußischer Unterrichter, aber Erzieher und Unterrichter zunächst vielleicht bei Lietz, dann auf eigene Faust. Ich habe mich viel mit der Erziehungsfrage beschäftigt, halte die Schulreform für die nötigste Reform im Lande: Nur durch Verwandlung unseres Unterrichtssystems in ein Erziehungssystem kann verhindert werden, was Dich am meisten angeht: daß Schweinepilze auf die Universität rücken. Doch davon mündlich mehr, ich würde kein Ende finden! Bitte schweige vorläufig über meine Lehrerabsichten, es kommt eine Zeit, wo ich Deine Hilfe wirksamer brauchen kann als jetzt.

Meine Autoritäten, darunter Dr. Auerbach, nähren den

Wunsch, daß ich Jurist werde. Noch sind sie nicht aggressiv, aber Auerbach wird es bald werden. Er macht mich darauf aufmerksam, unter anderen besseren Argumenten, daß ich dialektische Gewandtheit besitze. Das ist gerade ein Grund dagegen; denn in der Juristerei ist die Versuchung übermächtig, erfolgreichen Mißbrauch damit zu treiben, ja es geschieht eigentlich immer. So kommt es mir denn so vor, als wollte man einen Mann mit gewandten Fingern zum Taschendieb machen. Man sollte ihn doch lieber Klavierspieler werden lassen, wenn er genügend musikalisch ist. Da ich nun ehrlich bin, so soll man mich etwas studieren und werden lassen, wo die vermaledeite „dialektische Gewandtheit" nicht so leicht mit der Ehrlichkeit in Widerspruch kommt wie in der Juristerei. Na, ich hasse überhaupt dieses unschöpferischste aller Metiers.

Nun will ich aber Schluß machen in Deinem und meinem Interesse: Ich freue mich sehr darauf, mit Dir zu Weihnachten zusammenzusein. Da werde ich Dir viel Dummes und Interessantes aus England zu berichten haben, unter anderem auch, daß man hier prachtvoll Griechisch lernen kann, und wenn man einen bestimmten Studiengang einschlägt, in seinem ersten Jahre sogar sehr viel arbeiten muß.

Nun leb wohl und schreibe von Dir und mir recht bald

Dein treuer Kurt

2 „... die Kraft des Denkens mit dem Willen zur Tat vereinigen"
Aus einer politischen Rede im Ersten Weltkrieg

Auf dem Höhepunkt der deutschen militärischen Erfolge hielt Prinz Max von Baden am 14. Dezember 1917 vor der Ersten Badischen Kammer eine Rede, die entgegen der allgemeinen Meinung ein „Moratorium der Bergpredigt" ablehnte und für einen „Verständigungsfrieden" warb. Sie machte Prinz Max in der politischen Öffentlichkeit weithin bekannt und war, wie alle Schriften und Reden des Prinzen seit jener Zeit, in engster Zusammenarbeit mit Kurt Hahn entstanden. Über diese Zusammenarbeit urteilt Golo Mann: „Das Schwergewicht der Gedanken, noch mehr der Stilisierung, trug Hahn bei."* Aus der Rede ist ein kurzer Abschnitt gewählt. Er enthält Gedanken und Formulierungen, die Kurt Hahn immer wieder aufgegriffen hat.

... Wenn ich auch jeden Anspruch der Feinde auf eine Richterhaltung ablehne, so wollen wir doch nicht unkritisch gegen uns selbst sein. Wir wissen es wohl: es gab auch eine deutsche Unfreiheit, aber sie lag nicht in den Institutionen des Deutschen Reiches, sie lag vielmehr in einer gewissen geistigen Haltung breiter Schichten des deutschen Volkes.

Die Feinde sprechen von Autoritäten, die einem widerstrebenden Volk ihren Willen aufzwängen, und maßen sich die geradezu groteske Rolle an, das deutsche Volk von diesen Tyrannen befreien zu wollen. Wir können darüber nur lachen. Der Fehler lag vielmehr an der großen Bereitwilligkeit vieler Deutscher, den Autoritäten indolent gegenüberzustehen, ohne Sehnsucht nach eigener Verantwortung für die Sache des Vaterlandes.

---

* Golo Mann: Kurt Hahn als Politiker. In: H. Röhrs (Hrsg.): Bildung als Wagnis und Bewährung. Eine Darstellung des Lebenswerkes von Kurt Hahn, Heidelberg 1966, S. 23.

Wir begegneten nur zu oft in den Jahren vor dem Kriege jenem selbstzufriedenen Individualismus, der sich auf Kosten des Staates pflegte, der Kritik übte ohne den Willen zur Hilfe. – Viele der Besten hielten sich vom politischen Leben fern, weil ihnen die Mittel des Kampfes nicht gefielen. Das deutsche Volk aber braucht das Opfer der Besten für die gemeinsame Sache im Frieden wie im Kriege. Heute gilt mehr denn je Platos Forderung: Wer seinem Volke helfen will, muß die Kraft des Denkens mit dem Willen zur Tat vereinigen.

Freilich ist auch vom Volk nicht die Atmosphäre geschaffen worden, in der Führer sich leicht entwickeln. Das billige Verschenken der Volksgunst ist wahrlich nicht nachahmenswert, das die Blendenden und Gewandten emporträgt auf Kosten der Tüchtigen und Echten. Aber ich vertraue, daß diese Gefahr in Deutschland nicht vorliegt, es gibt starke Sicherungen im deutschen Charakter gegen die Demagogie. Sicher aber ist das eine: Führerkraft kann auch verkümmern unter dem Druck der Mißgunst und Verkleinerung. In den Jahren vor dem Kriege fehlte oft jene Hingabe und Gefolgschaft, die gerade den Führer stützt und ihn in den Stand setzt, über sich selbst hinauszuwachsen.

Aber der Krieg ist gekommen als ein großer Erwecker. Überall haben sich die verborgenen Volkskräfte geregt, all die versunkenen Möglichkeiten unserer Geschichte sind von neuem auferstanden. Draußen im Felde hat unser Volk erfahren, wie sich viele und bunte Kräfte zur Kraft zusammenfinden. Das Volk in Waffen kehrt dereinst zurück mit gestählter Kraft und gestähltem Recht.

Von dem großen Gemeinschaftswillen, der draußen erstanden ist, dürfen wir alles für die deutsche Zukunft erwarten. Der Geist unserer großen politischen Reformatoren, der Geist Steins und Hardenbergs, steigt heute mahnend und verheißend aus der deutschen Vergangenheit herauf. Ob diese Verheißung in Erfüllung geht, darüber wird allein der Charakter unseres Volkes entscheiden. Es muß in dieser Periode verworrenen Phrasentums mit aller Schärfe gesagt werden: Nicht Institutionen allein können die Freiheit eines Volkes verbürgen. Es gibt nur eine reale Garantie, das ist der Charakter des Volkes selbst.

Aber darüber kann kein Zweifel sein, je länger der Krieg dauert, *um so schwerer wird die Erneuerung sein.* Nicht nur bei uns, auch in Feindesland. Auch dort fallen gerade die Besten. Wer möchte darüber frohlocken? Es kann dazu kommen, daß Europa nicht mehr die Heilkraft wird aufbringen können, die notwendig ist, um seine furchtbaren Wunden zu schließen. ...

3 „... dieses Bekenntnis wäre in meinem Munde eine Lüge"
Der Entwurf für Brockdorff-Rantzaus Rede in Versailles

Am 7. Mai 1919 versammelten sich die Repräsentanten aller alliierten Staaten im Palasthotel Trianon in Versailles. Der deutschen Delegation unter Leitung von Außenminister Graf Brockdorff-Rantzau sollten die Friedensbedingungen übergeben werden. Zuerst sprach der französische Ministerpräsident Clemenceau: „... Die Stunde der schweren Abrechnung ist gekommen. Sie haben uns um Frieden gebeten. Wir sind geneigt, ihn Ihnen zu gewähren..." Darauf antwortete Graf Rantzau mit einer Rede, die – im In- und Ausland heftig umstritten – berühmt geworden ist. Den maßgeblichen Entwurf für diese Rede hatte Kurt Hahn verfaßt.* Dieser Entwurf ist hier abgedruckt. Die kursiv gesetzten Passagen machen kenntlich, wo Hahns Entwurf mit der gehaltenen Rede wörtlich oder nahezu wörtlich übereinstimmt.

Der erhabene Auftrag, der Welt den Frieden wiederzugeben, hat uns hier zusammengeführt. Die deutschen Delegierten täuschen sich nicht darüber, wie groß Deutschlands Niederlage war und seine Ohnmacht geworden ist. Wir wissen, daß nicht nur die militärische Macht Deutschlands, sondern die Kraft des hungernden und kranken deutschen Volkes gebrochen ist. Wir kennen auch die Gewalt des Völkerhasses, der gegen uns steht, wir rechnen auf keine Versöhnung in dieser Generation und erwarten kein Mitleid von Seiten der Sieger.

Aber wir sind nicht schutzlos auf dieser Konferenz. Unser Schutz ist der Vertrag, der vor Abschluß des Waffenstillstands über die Grundprinzipien des zu schließenden Rechtsfriedens zustande kam, und der alle kriegführenden Mächte bindet.

---

* Vgl. Michael Knoll: Anmerkungen zu Graf Rantzaus Rede in Versailles. In: Vierteljahreshefte für Zeitgeschichte 34 (1986).

Im Vertrauen auf die darin gegebene feierliche Zusage hat das deutsche Volk seine Waffen niedergelegt.

Die einzelnen Bestimmungen sind wahrlich hart gegen uns. Sie fordern schwerste nationale Opfer und bedeuten den unwiderruflichen Zusammenbruch der Hoffnungen, die uns als aufstrebendes Volk während der letzten Jahrzehnte begleitet haben; aber die heiligen Grundrechte aller Völker, der Sieger wie der Besiegten, sind durch diesen Vertrag geschützt: dahinter steht das Gewissen der Welt und keine Nation wird diesen Vertrag ungestraft verletzen.

Es wird von uns erwartet, daß wir uns als die allein Schuldigen am Kriege bekennen sollen. Dieses Bekenntnis wäre in meinem Munde eine Lüge.

Gewiß, Deutschlands Verantwortung ist schwer: wir hätten das österreichische Ultimatum an Serbien verhindern können und müssen, wir hätten dann wenigstens den Grey'schen Konferenzvorschlag annehmen sollen, aber auch nachher war es noch in die Macht jeder einzelnen der vier beteiligten Großstaaten gegeben, eine friedliche Lösung der Weltkrisis zu erzwingen.

Die Hände der verantwortlichen Staatsmänner waren zu schwach, die zu Hütern der Staaten und ihrer furchtbaren Machtmittel berufen waren. Gewollt hat den Krieg nur Rußland, das durch die allgemeine Mobilmachung am 30. Juli planmäßig die politische Situation in eine militärische und damit die Entscheidung über Krieg und Frieden in die Hände der militärischen deutschen Gewalten legte, in einem Augenblick, da die Diplomatie die rettende Formel gefunden hatte und der Friede gesichert schien.

Ich maße mir nicht an, unparteiisch über die Schuld meines Vaterlandes am Kriege sprechen zu können. Wer Patriot ist, kann in eigener nationaler Sache nur Sachwalter, nicht Richter sein. Klarheit in die umstrittenen Zusammenhänge und Motive der tragischen 12 Tage vermag nur eine unparteiische Untersuchungskommission zu bringen, vor der alle beteiligten Hauptpersonen zu Worte kommen und der alle Archive geöffnet werden. Nur so kann festgestellt werden, wo böser Wille am Werk war und wo bei gutem Willen unfähige und schwache Menschen versagt haben.

Diese Untersuchung dürfte sich nicht auf die bestimmenden Vorgänge unmittelbar vor Kriegsausbruch beschränken. Die Welt fordert heute Aufklärung der Grundursachen der kranken europäischen Situation, in der die Krisis vom Juli 1914 ausbrach, und in der allein es zu der Weltkatastrophe kommen konnte. Eine solche Instanz müßte den Frankfurter Gewaltfrieden bloßstellen, sie hätte von Frankreichs 44 Jahre lang genährtem, rastlosem Wunsch zu sprechen, das Unrecht von 1871 auf dem Felde der Ehre wieder gut zu machen. Dieser Wunsch ist heute in Erfüllung gegangen. Niemand wird die treibende politische Kraft dieses Wunsches leugnen können. Es wird daher zu untersuchen sein, wie weit dadurch Frankreichs Stoßkraft für den Frieden gelähmt wurde, als die Weltkrisis im Juli 1914 ausbrach und das Übergewicht der Entente den Sieg zu verbürgen schien.

Die internationale Instanz wird den Zarismus schuldig sprechen, der im Innern auf Unterdrückung und Unrecht aufgebaut war und mit Naturnotwendigkeit eine gewalttätige und gewissenlose auswärtige Politik treiben mußte. Sie wird Deutschlands Verblendung auf der Haager Konferenz verurteilen, und die europäische Bündnispolitik, die schließlich das gefährliche europäische Gleichgewicht durch das gefährliche Übergewicht ersetzte.

Unsere Feinde sprachen und sprechen von Deutschlands Verbrechen während des Krieges. Wir sind nicht hierhergekommen, um die Verantwortlichkeit der gestürzten Regierungen zu verkleinern. Unser Einfall in Belgien, die Duldung dieses furchtbaren Vertragsbruches durch das deutsche Volk hat der Verachtung des Völkerrechts freie Bahn geschaffen und dem ganzen Krieg seinen rechtlosen Charakter gegeben. Wir bedauern, daß jemals eine deutsche Regierung von dem Wort des Reichskanzlers von Bethmann-Hollweg zurückgetreten ist: „Wir haben ein Unrecht begangen und wollen es wieder gut machen." Aber weit darüber hinaus haben wir bestimmte Verpflichtungen der Wiedergutmachung übernommen. Wir gehen heute weiter und erklären uns bereit, alles Unrecht, das während des Krieges deutscherseits geschehen ist, wieder gut zu machen und alle Schuldigen zu bestrafen, soweit das in unserer Macht steht. Wenn aber nicht nur eine deutsche Regierung diese Zusage unterschreiben, sondern das ganze deutsche Volk die Einlösung als eine Ehrenpflicht ansehen soll, dann ist es notwendig, daß über das wieder gut zu machende Unrecht aller kriegführenden Mächte nicht durch einen Machtspruch der Sieger, sondern durch ein Rechtsurteil einer unparteiischen Instanz entschieden wird.

Die Weltgeschichte wird uns hart anklagen, dessen sind wir uns bewußt, aber sie wird unseren Gegnern das Recht absprechen, uns als unparteiische Austeiler der göttlichen und menschlichen Gerechtigkeit abzuurteilen. Der Ehrenschild keiner der europäischen Großmächte ist während des Krieges rein geblieben. Das Gewissen keiner Nation hat der Kriegsverrohung standgehalten. Ich will nicht in einen Wettkampf der Greuelbeschuldigungen eintreten, aber *es gibt Namen und Worte, deren sich die besten Ihrer Volksgenossen ungern erinnern werden.*

Es wäre heute leichter für das deutsche Volk, die erwartete Einkehr zu zeigen, wenn nicht 5 Monate Waffenstillstand hinter uns liegen würden. *Es gibt Verbrechen im Kriege, für die es keine Entschuldigung gibt, aber sie geschahen inmitten eines furchtbaren Ringens um den Sieg, als die Leidenschaften des Kampfes und die Sorgen um die nationale Existenz das Gewissen der Völker stumpf machten. Die mehr als 100 000 Nichtcombattanten, die seit dem 11. November an der Blockade starben, wurden mit kalter Überlegung getötet, nachdem der Sieg errungen und verbürgt war, daran denken Sie, wenn Sie von Schuld und Sühne sprechen.*

Das deutsche Volk erwartet einen harten und unerbittlichen Frieden. Es muß aber ein Friede des Rechts sein. Werden die Grundlagen aufrecht erhalten, die uns feierlich für den Frieden zugesichert worden sind, so ist heute das deutsche Volk innerlich bereit, sich mit seinem schweren Los abzufinden. *Ein Friede der Gewalt aber, der im Namen des Rechts vor dem deutschen Volk nicht verteidigt werden kann, wird alle heimlichen und offenen Widerstände gegen seine Durchführung aufrufen.* Ein solcher Friede würde trotz bestem Willen auf Seiten der Regierung die technische geschäftsmäßige Unmöglichkeit der Erfüllung in sich tragen, und niemand wäre in der Lage, ihn unterzeichnen zu können, der sich der Verantwortung dafür bewußt ist, daß seine

Unterschrift die Gewähr für die Ausführung des Unterschriebenen bedeuten muß.

Wir werden das überreichte Dokument prüfen und alles dafür tun, was in unseren Kräften steht, damit der Friede zu Stande kommt.

4 „... es ist wieder das Zeitalter der Burgen"
Ein Brief aus Salem

Kurt Hahn hatte Max Warburg, den Hamburger Bankier und Adressaten dieses Briefes von 1921, im Ersten Weltkrieg bei den gemeinsamen Bemühungen um einen Verständigungsfrieden näher kennengelernt. Max Warburg war es auch, der Kurt Hahn die Möglichkeit eröffnet hatte, an den Friedensverhandlungen in Versailles offiziell als „Privatsekretär" des Delegationsmitglieds C. Melchior teilzunehmen. Der Brief, eineinhalb Jahre nach der Gründung der Schule in Salem geschrieben, greift auch auf Vorstellungen zurück, die Kurt Hahn als Student verfaßt und später in zwei Aufsätzen unter dem gleichlautenden Titel „Gedanken über Erziehung" (1928/1930) veröffentlicht hat.

Hermannsberg, den 6. August 1921

Sehr verehrter, lieber Herr Warburg,

Ich war vor Abschluß der Ferien in schlechter Gesundheit, meine Kräfte reichten noch gerade zur täglichen Routinearbeit aus. Darum verzeihen Sie, wenn ich erst heute in der wunderbaren Ferienmuße Ihre verschiedenen Sendungen beantworte...

Ich bin sehr glücklich, daß Sie nun auch den Weg der Pädagogik gehen wollen, und es wird garnicht mehr lange dauern, so darf ich Ihnen von meinen Plänen sprechen, ohne als Fahnenflüchtiger beschimpft zu werden, denn sehen Sie, Ihre Akademie will dasselbe, was wir in Salem wollen. Ihnen und uns ist die Erkenntnis aufgegangen, daß ohne eine moralische Gesundung der Sitten auch an eine politische Wiederaufrichtung nicht zu denken ist. Nur darin gehen wir auseinander: Sie glauben, daß der heute erwachsene Deutsche noch zu retten ist. Ich glaube, wir müssen bei den Kindern anfangen, und glaube, daß kein Bund der Erwachsenen, der sich moralische-pädagogische Ziele stellt, heute wirken oder auch nur zusammenbleiben kann. Denn mit der Einsicht ist es nicht getan. Wir brauchen bundesgenössisches Talent. Der Deutsche von heute aber ist unsachlich, unfair, überschätzt das, was ihm die Gemeinschaft schuldet, und unterschätzt das, was er der Gemeinschaft schuldet. Mit Recht fordern Sie Vereinigung von Denk- und Tatkraft als Vorbedingung für die erfolgreiche Wirksamkeit irgend eines Bundes. Diese Mischung ist heute so selten in Deutschland wie Tanzbären. Wer bei uns denken kann, kann nicht handeln, und wer bei uns handeln kann, kann nicht denken.

Der amerikanische Psychologe (James) sagt einmal: „Die Seelen von Menschen, die über 30 Jahre alt sind, werden hart wie Gips", und ich füge hinzu: Nur ein Prophet kann dieses Gips noch aufklopfen, und er müßte bei der heutigen Skepsis und Indolenz Heilsgeneral Booth und Kant in einer Person sein, und man kann Jahrtausende auf einen solchen Propheten warten ...

Ich sehe die Lösung in einer anderen Richtung. „Es ist wieder das Zeitalter der Burgen." Wollen wir die Seele unseres Volkes erobern, so müssen wir wie Wilhelm der Eroberer unsere Zwingburgen aufrichten. Wir brauchen ummauerte Kulturzentren an allen Ecken und Enden unseres Landes, darin die Kinder für die Wirklichkeit, allerdings nicht in der Wirklichkeit erzogen werden, denn darüber müssen wir uns ganz klar sein: Die gegenwärtige Wirklichkeit kann nicht die modernen Ritter, die tatenfrohen Denker erziehen, die sie am allermeisten braucht. Ihr Wort: Verbindung von Vertiefung und Gründlichkeit mit Kampfkraft klingt wie ein Zitat aus dem Salemer Schulprogramm. Durch tausend bewußte und unbewußte Manifestationen dringen kranke Lebensrichtungen auf die werdenden Menschen ein und stecken sie an. Wie man nicht weiß, daß man eine Krankheit einem anderen gibt, und der nicht weiß, daß er sie empfängt, so geht auch dieser seelische Ansteckungsprozeß mit einer grausamen Heimlichkeit vor sich und frißt auch die Menschenkraft an derer, die gut geboren sind. Ganz falsch, von diesen Burgen zu erwarten, daß sie nur Führer erziehn: Gefolgsschaftsschulen, Bundesgenossenschaftsschulen sind heute wichtiger als Führerschulen ... Ich glaube nicht, daß die Familie, sondern nur, daß das Gemeinschaftsleben das Geheimnis der Bundesgenossenschaft vermitteln kann. Die

Kinder müssen es täglich erleben, wie sich Kräfte zur Kraft zusammenfinden ...
 Nun leben Sie wohl und seien Sie herzlichst gegrüßt

von Ihrem treuen Kurt H.

5 Die nationale Aufgabe der Landerziehungsheime
Pläne für eine Erziehungsbewegung

Mit diesem Vortrag, ursprünglich 1928 für eine Heimleitertagung bestimmt, nahm Kurt Hahn erstmals vor einer größeren Öffentlichkeit Stellung zu pädagogischen Fragen und Vorhaben. Danach sollten Salem und die Landerziehungsheime Modelle für eine grundlegende Reform des traditionellen Bildungswesens abgeben – eine Vorstellung, die Kurt Hahn weiterentwickelt und später zum Teil weltweit verwirklichen kann. Das Manuskript, von dem sich die hier wiedergegebene Druckfassung von 1931 nur wenig unterscheidet, enthält eine kurze Vorbemerkung: „... Über die Koedukation ist nicht gesprochen worden, weil zwei der führenden Landerziehungsheime sie nicht haben. Solling und Salem legen aber auf die Feststellung Wert, daß sie auf Grund von Theorie und Erfahrung unbedingte Anhänger der Koedukation sind, und zwar im Interesse beider Geschlechter."

I
Die Wirklichkeit hat heute nicht die Menschen, die sie braucht

Der Arzt, der Beamte, der Gelehrte, der Wirtschaftler – ein jeder von ihnen sollte eigentlich über die höchste Menschenkraft verfügen, will er seinem Beruf genügen. Ich verweise hier auf die Eigenschaften, die im Salemer „Abschließenden Bericht an die Eltern" aufgeführt werden:
Gemeinsinn:
Gerechtigkeitsgefühl:
Fähigkeit zur präzisen Tatbestandaufnahme:
Fähigkeit, das als recht Erkannte durchzusetzen:
    gegen Unbequemlichkeiten
    gegen Strapazen

    gegen Gefahren
    gegen Hohn der Umwelt
    gegen Langeweile
    gegen Skepsis
    gegen Eingebungen des Augenblicks
Fähigkeit des Planens:
Fähigkeit des Organisierens:
    Einteilung von Arbeiten
    Leitung von Jüngeren
Fähigkeit, sich in unerwarteten Situationen zu bewähren:
Geistige Konzentrationsfähigkeit:
    bei Arbeiten aus dem eigenen Interessenkreis
    bei Arbeiten außerhalb des eigenen Interessenkreises
Sorgfalt:
    im täglichen Leben
    bei der Erfüllung besonderer Pflichten
Handgeschicklichkeit:
Äußere Lebensgewohnheiten:
Leistungen im Unterricht: (...)

Praktische Arbeiten:
Künstlerische Leistungen:
Leibesübungen:
    Kampfkraft
    Zähigkeit
    Reaktionsgeschwindigkeit

Die hier verlangte Eignung geht nicht über das hinaus, was die Aufgaben der Gegenwart zu ihrer sinngemäßen Bewältigung verlangen; aber die modernen Berufe sind vielfach genügsam geworden. Der Ungerechte, der zum bundesgenössischen Handeln unfähige Selbstling, der Mutlose, der Skeptiker, der rasch Erlahmende, der langsam Reagierende, der Weichling, der den Wallungen des Augenblicks erliegt – sie sind natürlich außerstande, die höchste Stufe zu erklimmen; aber ein jeder von ihnen kann irgendwie durchkommen, ja sogar seinem Selbstgefühl schmeichelnde Erfolge erzielen, vorausgesetzt, daß er über eine gewisse äußerliche Tüchtigkeit verfügt. Wir können den Satz aufstellen: Die heutigen

Berufe haben eine große Konsumfähigkeit für schlechte Menschenware. Daraus folgt: Die Qualität des Angebots richtet sich nach der Qualität, mit der die Nachfrage vorlieb nimmt.

II
Die heutige Wirklichkeit kann nicht die Menschen erziehen, die sie braucht

Um mit Plato zu reden: das Weideland ist krank. *Die Familie* kann heute ihre schützende Funktion nicht mehr ausüben. Der Schutz, den die Mutter zu geben vermag, reicht höchstens bis zum 11. Lebensjahr; in den Entwicklungsjahren erhält der Mensch die Prägung seines Lebens, und da bedarf ein Junge der sorgfältigen männlichen Führung. Nun hat das heutige Berufsleben die folgende paradoxe Situation heraufgeführt: Ist der Vater tüchtig, d. h. *darf* er erziehen, so läßt ihm sein Berufsleben weder Kraft noch Zeit dazu. Ist er untüchtig, so *sollte* er nicht erziehen. Es liegt dann nicht im Interesse seiner Söhne, wenn er seine reichliche Muße mit pädagogischer Betätigung erfüllt.

III
So fällt der Staatsschule die Aufgabe anheim, zu erziehen

Die pädagogische Zunft stellt seit langem diese Forderung: aber wir müssen uns von dem deutschen Irrglauben befreien, daß eine Forderung formulieren, sie auch erfüllen heißt. Tatsächlich konzentriert sich die Staatsschule nach wie vor auf den Unterricht. Wohl gibt es eine ganze Anzahl von begnadeten Lehrern, von deren Unterricht eine menschenbildende Kraft ausgeht; aber man kann ein System nicht auf geniale Persönlichkeiten aufbauen.

Welche Anstalten hat die öffentliche Schule getroffen, um einen Jungen im Planen und Organisieren, in der freiwilligen Unterordnung, im verantwortlichen Befehlen, im Bestehen von Gefahren und Strapazen, im Überwinden von nervösen Hemmungen zu üben, ihm Menschenfurcht und Menschenmißtrauen abzugewöhnen, ihm die Platzangst vor Entscheidungen zu nehmen? Wieviel Lehrer gibt es, die sich ernsthafte Kümmernisse darüber machen, wenn ein Kind allmählich seinen Schwung verliert und in seiner Empfänglichkeit stumpf wird?

Als ich neulich einem deutschen Kultusminister das *Salemer Reifezeugnis* zeigte, rief er aus: „Wie kann man auf der Staatsschule solche Eigenschaften feststellen?" Im Krantz-Prozeß war es geradezu erschütternd, wie die als Zeugen aufgerufenen Klassenlehrer des Angeklagten von seinen seelischen Katastrophen nichts weiter gemerkt hatten, als daß er in einzelnen Schulfächern nachgelassen hatte.

Die Staatsschule interessiert sich für die freie Zeit der Schüler nur insoweit, als etwaige Nebenbeschäftigungen auf die Leistungen im Unterricht einwirken; und in dieser freien Zeit empfängt ein Junge die wesentlichen Antriebe in seiner Charakterentwicklung.

IV
Da somit die Staatsschule für die Willensbildung der Kinder die Verantwortung ablehnt, resp. abschiebt, so fallen die Jungen und Mädchen naturgemäß den Einflüssen ihrer engeren oder weiteren Umgebung anheim

Ich rechne damit, daß etwa von hundert Jungen nur einer heil durch die Pubertät kommt.

Das zentrale Problem der Erziehung ist: Wie soll man die Kinderkraft durch die Entwicklungsjahre hindurch erhalten ungebrochen und unverdünnt? – Wie können wir verhindern, daß der plötzlich durchbrechende Geschlechtstrieb die seelische Energie des Jungen beschlagnahmt und die kindlichen Strebungen entkräftet, die bisher seine Welt bedeuteten, wie die menschliche Teilnahme, der neugierige Wissensdrang, die Lust an phantasievollen Spielen, die Freude am Abenteuer, der Drang zur körperlichen Betätigung?

Die moderne städtische Umwelt vermittelt heute die erotischen Antriebe in Plakatform und auf heimlichen Wegen in einer so überwältigenden und verwirrenden Fülle, daß das ungeschützte Kind nicht einmal mehr die Kraft zur tragischen Leidenschaft entwickeln kann, geschweige denn die Standhaftigkeit gegenüber den Versuchungen. Die erotische Kraft des modernen Jünglings und auch des modernen Mädchens verpufft in sich jagenden kleinen Erlebnissen und Sensationen.

V

Man könnte vielleicht gewisse Hoffnung auf die organisierten Bewegungen setzen, die heute um die Jugend werben und die bezwecken, anstelle der willkürlichen Beeinflussung eine planmäßige zu setzen.

Da ist zunächst der Sport

Ich stehe nicht an, zu behaupten, daß der Sport, wie er heute in Deutschland getrieben wird, nur im beschränkten Maß heilsame Wirkungen hervorruft.

1. Es fehlt die unbedingt notwendige Gesundheitskontrolle. Den heranwachsenden Kindern werden Parforce- und Dauerleistungen zugemutet, deren Folge häufig lebenslängliche Herzstörungen sind. Ich verweise auf Fußball-Wettspiele im Sommer, die vom medizinischen Standpunkt aus einfach als Wahnsinnsakte bezeichnet werden müssen.

2. Es fehlt die sorgfältige Dosierung. Der Sport kann seine Funktion als Erfrischer und Sorgenbrecher nur ausüben, wenn er auf gewisse, festgesetzte Zeiten beschränkt wird. Wenn das Kikken und Ballschlagen zu einer Angelegenheit wird, die jede freie Minute erfüllt, so laufen die Menschen Gefahr – wie Plato sagt – „seelentaub" zu werden, und der Sport selbst verliert seinen Zauber und wird zu einer stumpfsinnigen Angewohnheit.

3. Der deutsche Sport ist heute im wesentlichen nur den sportlich Begabten zugänglich, während es gerade im Interesse der Nation liegt, die Intellektuellen durch sportliche Betätigung in der Tatkraft zu üben. Das geistig besonders regsame Kind hat häufig starke nervöse Widerstände gegen die körperliche Höchstleistung; sie lassen sich nur durch ein sorgsam überlegtes System überwinden, das planmäßig Schonung und Härtung mischt.

4. Der deutsche Sport hat heute noch keineswegs seine nationale Aufgabe begriffen, unser Volk – um ein Wort von Bismarck zu gebrauchen – aus dem Bann seiner „Unverträglichkeit und Disziplinlosigkeit" zu erlösen. Auch betreiben die Sportgrößen, Verbandsvorsitzende usw. häufig eine mißverstandene Demokratie, die im Gegensatz zu der englischen Demokratie den Führergedanken ausschließen will. Der gewählte Führer erhält nicht die diktatorische Vollmacht, die er braucht; er bleibt druckempfindlich gegen das Geschrei und das Murren der Mannschaft, die er aufstellen und leiten soll. Vielfach bildet sich eine unselige Teilung der Verantwortung heraus; Nebenregierungen etablieren sich in Sportvereinen. Die Autorität der Schiedsrichter ist nur theoretisch, praktisch aber nicht unbestritten. Wie häufig werden großangelegte Sportveranstaltungen in Deutschland durch Unbotmäßigkeit oder Gehässigkeit entstellt!

Die große nationale Leistung des englischen Sports besteht darin, daß seinen Jüngern die *staatserhaltende* Lehre in Fleisch und Blut übergeht: Man ist auch *in der Erregung* verpflichtet, gerecht zu sein. Das ist ganz anders in Deutschland. Unser Sport verhilft den jungen Menschen zu der *staatsgefährlichen* Erfahrung: Man braucht nur wütend zu werden, um sich mit verhältnismäßiger Straflosigkeit Brutalitäten und Unfairheiten leisten zu können.

Hier könnte nur dann Abhilfe geschaffen werden, wenn sich in Deutschland die berufenen Erzieher der Beseelung und Leitung des Sports annehmen würden. Fort mit der mißgeborenen Einrichtung des Sportlehrers![1] Auch hier ist die englische Erfahrung wertvoll:

---

[1] Meine Kritik wendet sich keineswegs gegen Turn- und Gymnastiklehrer.

In Oxford, Cambridge und London stehen sehr häufig organisierend, trainierend und mitkämpfend mitten im Sportsleben darin: Tacitus-Forscher, Mathematiker, Pfarrer, Ärzte, Wirtschaftler.

Die Jugendbewegung
vermag nicht das Elternhaus und die Schule von der großen Verantwortung zu entlasten. Auch die normale „Jugendbewegung"[2] baut z. T. auf faulem Grunde: Dadurch, daß sie das Selbstgefühl der Jugend planmäßig steigert, zerstört sie die eigentümliche Kraft der Jugend: die Unbewußtheit. Alles kommt darauf an, daß die werdenden Menschen sich mit ungeteilter Kraft ans Leben werfen und nicht als ihre eigenen Beobachter, Genießer und Beschnüffler neben sich hergehen und sich dadurch die ursprüngliche Kraft des Erlebens zerstören. Sich dem Leben erwartungsvoll entgegenbreiten, voll Sehnsucht, seine Kostbarkeiten zu empfangen, entschlossen, seine Gefahren zu bestehen – das ist die natürliche Haltung der Jugend, nicht aber die Pose der Selbstbewunderung und Selbstgenügsamkeit.

Dem Kinde bot die Hand zu meiner Zeit der Mann,
Da streckte sich das Kind und wuchs zu ihm hinan:
Jetzt kauern hin zum lieben Kindlein
Die pädagogischen Männlein.
(Abraham Kaestner 1719–1800)

Die Umwerber der Jugend, die durch Worte wie „Jugendkultur" den Jungen und Mädchen die „Schmeichelsalbe auf die Seele legen": als ob sie nicht mehr zu werden brauchten, sondern schon sind, rauben der Jugend die Entwicklungsfreudigkeit und verkürzen dadurch gewaltsam die natürliche Periode des seelischen Wachstums. Wer die späteren Lebensschicksale der einst „Jugendbewegten" verfolgt, der denkt zuweilen unwillkürlich an die trügerische Reife des Fallobstes.

---

[2] Dabei darf natürlich die große historische Bedeutung der Jugendbewegung nicht unterschätzt werden.

VI

Leopold Ziegler hat recht, wenn er in seinem bedeutenden Werk: „Magna Charta einer Schule" sagt:

„Die verschiedenen Typen der heutigen Staatsschule fassen mit ihrer Zielsetzung die eigentliche Lebens- und Schicksalsfrage unserer Zeit noch nicht einmal ins Auge, geschweige daß sie eine Lösung für sie suchen – ich meine die Frage der erschütternden Senkung des gemeinmenschlichen Niveaus, in Hinsicht auf Geist und Zucht, auf Talent und Charakter, die heute alle echten Erzieher, alle ernsthaften Seelsorger im Innersten bewegt!

Dringender als je zuvor heischt die allgemeine Lage eine neue streng aus ihr selbst herausgeborene Gattungschule, die einmal den einzelnen Zögling von vornherein eingliedert, in die Gruppe der Lebenseinheit höherer Ordnung …, denn es ist wichtiger als jedes bruchstückhafte Vielwissen, das lebendig wirkende Gewissen in jedem Einzelnen, für Aufstieg und Abstieg des eigenen Volkes im strengsten Sinn die Mitverantwortung zu tragen."

Ganz ähnliche Forderungen stellt *Kerschensteiner* in seiner Schrift: „Die staatsbürgerliche Erziehung in den letzten dreißig Jahren":

„Alle diese Eigenschaften, moralischer Mut, selbstloses Wohlwollen und Verantwortlichkeitsbewußtsein als Kardinaltugenden des Staatsbürgers wachsen nur auf dem Boden eines gemeinsamen sozialen Lebens. Solange unsere Bildungsanstalten nicht Schulen gemeinsam sozialen Lebens werden, oder wenigstens ein solches Leben im Rahmen der Organisation pflegen, werden wir sie ganz vergeblich als Anstalten zur staatsbürgerlichen Erziehung beanspruchen können."

VII

Die Frage entsteht nun: Können wir die Staatsschule soweit bringen, daß sie die Verpflichtung auf sich nimmt, über der Charakterbildung der Schüler zu wachen, das heißt nicht mehr oder weniger als: werden die deutschen Oberlehrer bereit sein, in eine Lebensge-

meinschaft mit ihren Schülern zu treten und den ganzen Tag der Kinder unter ihre Verantwortung zu stellen? Darauf ist zu sagen:

1. Sind unsere Oberlehrer menschlich dieser Aufgabe gewachsen? – Man kann im Unterricht allenfalls die Unzulänglichkeit des eigenen Charakters verschleiern. Wer mit Kindern Hütten und Segelflugzeuge baut, wer mit ihnen auf Forschungsexpeditionen geht, wer mit ihnen wandert und gleichberechtigt mit ihnen in einer Schulmannschaft kämpft und spielt – der wird in wundersamer Weise erprobt und enthüllt, und er muß gänzlich auf den geliebten Schutz autoritativer Amtswürde verzichten.

2. Die Vorbildung der Oberlehrer ist nicht geeignet für diese Verantwortung. In nehme Kriegsteilnehmer aus. Aber solange die Gegenwartskenntnis und die Bewährung in praktischen Arbeiten nicht ein wesentlicher Bestandteil auch der Philologenausbildung wird, werden die Herren Studienassessoren dem Lebenshunger der modernen Jungen niemals gerecht werden können und daher als Führer von der großen Mehrzahl der Kinder abgelehnt werden, soweit sie nicht durch Fachinteressen mit ihnen verbunden sind.

Ich habe Grund zu der Annahme, daß in manchen Ministerien der Wille zu der großen Reform wohl vorhanden wäre; aber sie würde scheitern an der organisierten Gewerkschaft der Philologen. Der Selbsterhaltungstrieb der Studienräte erfordert in der Tat, daß sie einen Schulplan ablehnen, der andere Menschen voraussetzt, als sie es sind ... Die Reform der Staatsschule hat anzufangen mit einer Lebensreform bei den Lehrern. *Gegenüber dem unvermeidlichen, aber verhängnisvollen Versagen der Staatsschule erhält die Landerziehungsheimbewegung ihre besondere Bedeutung und ihre besondere Verpflichtung.*

VIII

In den dreißig Jahren, seit *Hermann Lietz* die erste Gründung vollbrachte, ist der Beweis geliefert:

1. *Die Lebensgemeinschaft zwischen Lehrern und Schülern ist herzustellen.* Das Landerziehungsheim vermag ein öffentliches Gewissen zu schaffen, das den werdenden Menschen in seinen Bann

schlägt, gegen die Charaktermoden wappnet, wie sie in ständigem und verwirrendem Wechsel von der ethischen Anarchie unserer Zeit aufgeworfen werden.

2. *Der „Bruch" in den Entwicklungsjahren läßt sich vermeiden.* Durch die Entfachung von giftlosen Leidenschaften wird in der Pubertätszeit die Alleinherrschaft der erotischen Antriebe verhindert. Für jeden Besucher eines Landerziehungsheimes ist es der stärkste Eindruck, wie die gleiche körperliche und seelische Frische den großen wie den kleinen Jungen eigen ist.

3. *Das Licht der Freude braucht nicht nur beim Sport aus den Kindergesichtern zu leuchten* – das ist das große englische Vorurteil. Hermann Lietz hat dem Sport niemals eine ungebührliche Machtstellung im Leben der Schule zugebilligt, obgleich er selber ein begeisterter Sportsmann war. In den „Deutschen Landerziehungs-Heimen" und all den Heimen, die mit Bewußtsein auf dem Fundament Lietz bauen, wird mit Feuer und Zähigkeit zur Ehre der Schule nicht nur auf den Sportplätzen gekämpft, sondern in den Werkstätten gearbeitet, Neuland urbar gemacht, in den Laboratorien experimentiert, in der Natur geforscht; es werden Theaterstücke aufgeführt, es wird musiziert und gemalt, es werden Hütten gebaut und Schwimmteiche ausgehoben, Sternwarten und Sammlungen eingerichtet. Die Vitalität der Kinder, ständig erfrischt durch den Sport, kommt nicht wie in Eton, Harrow usw. nur dem Sport zugute, sondern wichtigeren Lebensbetätigungen.

4. *Vor allem aber hat Lietz bewiesen, daß man in einem bisher nie geahnten Umfang Kinder zu Trägern der Verantwortung machen kann.* Jedes Landerziehungsheim weist seinen führenden Schülern Aufgaben zu, bei denen zu versagen „den Staat gefährden" heißt, und bei denen jeder schlampige Organisator und ungenaue Planer versagen muß.

IX

Vom Standpunkt der Nation ist das Wichtigste, was die Landerziehungsheime leisten – die staatsbürgerliche Erziehung.

Bismarcks großer und durch unsere tragische Geschichte nachgewiesener Irrtum bestand darin: er glaubte, man brauche das deutsche Volk nur in den Sattel zu setzen, damit es auch reiten könne. Es ist unsere Aufgabe, ihm das Reiten beizubringen.

Die deutschen Landerziehungsheime und Freien Schulen, D. L. E. H. Lietz, Solling, Schondorf, Salem, Letzlingen, Schule am Meer, Odenwaldschule, sind sehr verschiedenartig in ihrem Aufbau – entsprechend ihrer Gründungsgeschichte, liebgewordenen Traditionen und lokalen Bedingungen. Aber sie alle lehren ihre Kinder das Geheimnis, wie sich Kräfte zur Kraft zusammenfinden, und üben sie täglich im bundesgenössischen Handeln. Jeder echte Landheimer, der aus diesen Schulen hervorgeht, bringt eine natürliche Abwehrstellung mit gegen Menschen, die private Rücksichten oder Parteiinteressen den großen staatlichen Belangen voranstellen, findet es verächtlich, wenn man dem politischen Gegner die Ehre abschneidet und möchte lieber Hand anlegen, als nur unfruchtbar kritisieren.

„Die Verfassung muß nämlich also eingerichtet sein, daß der Einzelne für das Ganze nicht bloß unterlassen müsse, sondern daß er für dasselbe auch tun und handelnd leisten könne. Außer der geistigen Entwicklung im Lernen finden in diesem Gemeinwesen der Zöglinge auch noch körperliche Übungen und die mechanischen, aber hier zum Ideale veredelten Arbeiten des Ackerbaues und die von mancherlei Handwerken statt. Es sei Grundregel der Verfassung, daß jedem, der in irgendeinem dieser Zweige sich hervortut, zugemutet werde, die anderen darin unterrichten zu helfen und mancherlei Aufsichten und Verantwortlichkeiten zu übernehmen …"

Mit diesen Worten hat *Fichte* in den „Reden an die deutsche Nation" die Verfassung eines Landerziehungsheims vorausgeahnt.

X

Die Landheime haben heute ihre festgefügte Stellung in der öffentlichen Meinung Deutschlands. Wer sich Hermann Lietz durch Nachfolge oder durch Heldenverehrung verbunden fühlt, hat darüber hinaus eine innere Zuversicht: *„Das schier Unmögliche kann möglich werden."* Das ist die Lehre, die das siegreiche Leben dieses Mannes vermittelt. Hermann Lietz hat sein Vermögen seinem Werke geopfert zu einer Zeit, als die Hoffnung auf das Gelingen beinahe Wahnsinn schien. Seine Häuser brannten ihm ab – und er baute sie neu auf. Das Schlimmste blieb ihm nicht erspart: vertraute Mitarbeiter trennten sich von ihm. Er ließ sie gehen und schickte zugleich andere weg, die ihm lau oder untreu schienen. Beim Kriegsausbruch war seine Gesundheit schon schwer erschüttert; aber er ging hinaus aus dem richtigen Gefühl, daß er seine Lehre durch die Tat besiegeln müßte. Der sterbenskrank Zurückgekehrte harrt dann auf seinem Posten aus bis zuletzt „schon dem Maßstab gewöhnlicher Menschen entrückt".

XI

Wir müssen uns die Frage ganz offen stellen: Was haben die Landerziehungsheime bisher für die Nation geleistet?
Die nüchterne Antwort hat zu lauten:
1. Es ist sicher, daß in der nahen und späten Zukunft noch mancher Samen aufgehen wird; aber – gemessen an dem Tempo des allgemeinen Verfalls – dringt die von den Landheimen ausgehende Heilwirkung nicht rasch genug in den kranken Volkskörper hinein.
2. Gemessen an der großen nationalen Arbeit der englischen Schulen – haben sie wenig für die Gesamtheit vollbracht, wenn auch Entscheidendes für ihre Zöglinge.

Eton, Harrow und Rugby und die anderen großen englischen Schulen sind heute in ihrer pädagogischen Leistung hart umstritten; eins aber ist sicher, sie haben in guten Zeiten gewisse *standards* aufgerichtet, die Gemeingut der englischen Nation geworden sind. Zahllose Tagesschulen haben sich an den großen Vorbildern geformt. Gewisse anständige Gewohnheiten der Zusammenarbeit, die in den *public schools* erprobt worden sind, regieren heute das englische Imperium. Wenn der englische Historiker George Trevelyan mit Recht sagen kann, England sei in den großen Krisen seiner Geschichte weniger durch Genies als durch einen gewissen *committee sense*, d. h. den Sinn für bundesgenössische Arbeit, gerettet worden, so dürfen Schulen wie Eton, Harrow und Rugby mit Stolz sagen, daß sie in erster Linie diese staatsbürgerliche Tugend gepflegt haben.

Die inneren Auseinandersetzungen im staatlichen und bürgerlichen Leben werden stets aufs neue durch bestimmte generöse Impulse des Gönnens entgiftet. „Follow your leader!" Wenn du einen Führer hast, dem du vertrauen kannst, dann sei keineswegs blind gegen ihn und seine Schwächen; aber reiße ihn nicht hämisch herunter, sondern setze ihn durch fruchtbare Kritik und loyale Gefolgschaft instand, über sich selber hinauszuwachsen.

Als im englischen Unterhaus ein Abgeordneter der Arbeiterpartei dem konservativen Gegner schadenfroh vorwarf, er hätte sehr rasch seine Meinung geändert, wurde ihm aus dem Hause zugerufen: „That is not cricket!" – Das ist wider die Spielregeln! Hinter dieser Zurechtweisung stand das richtige Gefühl, daß es im Interesse der Nation liegen kann, auf den Triumph der parteipolitischen Rechthaberei zu verzichten und durch diesen Verzicht dem Gegner das Umschwenken zu erleichtern.

„The better man has won", sagte mir ein Freund, der aus der internationalen Hockey-Mannschaft Englands im letzten Augenblick zugunsten eines anderen hinausgeworfen wurde – und fast am gleichen Tage sagte dem Sinn nach dasselbe ein Universitätsprofessor, der sich um die Direktorstelle in Harrow beworben hatte und nach scharfem Wettbewerb unterlegen war. Und dieses Gönnen war aufrichtig.

Als nach dem Attentat auf den Hochzeitszug des spanischen Königs Alfons Tausende von einer wilden Panik erfaßt wurden und das Königspaar in lebensgefährliche Isolierung brachten, rief vom Balkon der englischen Botschaft ein junger Diplomat seinen Kollegen zu: „Form an Eton wedge!" (Bildet einen Eton-Keil).

Und in der Tat wurde von fünfzehn Engländern in Erinnerung an das eigentümliche Eton-Fußballspiel ein Keil gebildet, der die rasendgewordenen vorüberflutenden Menschenmassen durchbrach; die Fünfzehn umringten mit gelassener Ruhe den Wagen und zogen das Königspaar in Sicherheit – Vorposten des englischen Imperialismus.

Bei allen solchen Begebenheiten wird man unwillkürlich an die stolzen alten Klosterschlösser erinnert, hinter deren Mauern sich für die Söhne der führenden Schichten das Schicksal ihres Charakters entschied[3].

Die Alt-Landheimer sind ihren Schulen womöglich noch verbundener als die ehemaligen Etonians und Harrovians, und doch möchte ich das Bild gebrauchen: *Es ist, als ob aus verheißungsvollen Quellen starke Ströme sich in Bewegung setzen, die irgendwie versickern, ehe sie in das Leben der Nation einmünden.*

Ich gebe drei Erklärungen:

1. Die Verwahrlosung der Erziehung auf den Universitäten

Die Erziehung des englischen *public school* Jungen beginnt mit dem 19. Lebensjahr zum zweiten Male. Auf dem College seiner Universität umgibt ihn unentrinnbar eine neue Gemeinschaft, in der er von vorn anfangen und sich seine Position schaffen muß. Auch der erfolgreiche, vielleicht ein wenig eingebildete Schulpräfekt (Helfer) muß noch einmal von der Pike auf dienen.

Der Alt-Landheimer kommt in ein Vakuum. Schon das Wort „Reifezeugnis" täuscht ihm ein menschliches Fertigsein vor, das auch auf der Universität auf Schritt und Tritt vorausgesetzt wird, aber nicht existiert.

Die Universität trifft keinerlei Anstalten, sich um die Erziehung der Studenten zu kümmern. Das Erziehen liegt den Professoren noch weniger als den Studienräten. Tutors wie in Oxford und Cambridge gibt es nicht, die einen Studenten sorgfältig darüber beraten, welchen Lebensweg und Studiengang er am besten einzu-

---

[3] Vgl. Wellingtons Ausspruch: Die Schlacht bei Waterloo wurde auf den Spielfeldern von Eton und Rugby gewonnen.

schlagen hat. Ein Gemeinschaftsleben, das von der Universität inspiriert wäre, gibt es nicht. Der Sport ist zwar obligatorisch, aber erstens wird er vielfach lässig und seelenlos betrieben, und zweitens nehmen die Professoren bei der Festsetzung ihrer Kollegstunden nicht die geringste Rücksicht darauf, daß den Studenten Zeit und Kraft für körperliche Übungen bleiben sollte.

So weiß der Landheimer nicht, wie er seine Lust, „die gemeinsame Sache zu besorgen", betätigen soll. Es ist hart, jahrelang auf die Ausübung liebgewordener staatsbürgerlicher Tugenden zu verzichten. Mancher findet nur zu rasch zurück in die Eigenbrödelei und kommt sein Leben lang nicht mehr dazu, an die allgemeinen Dinge mit Hand anzulegen; andere verzehren sich in unfruchtbarer Sehnsucht nach der Vergangenheit und werden Romantiker, die sich mit Gesinnungsgenossen zu abseits stehenden Gruppen vereinen; schließlich flüchten sich nicht wenige aus der Haltlosigkeit und Einsamkeit der „akademischen Freiheit" in die Verbindungen, obgleich sich die meisten durch die dort erzwungenen Lebensformen abgestoßen fühlen.

Die Frage ist: Können die Corps sich umstellen? Ihr Programm Fechten + Sport + alkoholische Geselligkeit ist unvereinbar mit den Anforderungen, die ein modernes Studium an die Konzentrationsfähigkeit der Studenten stellen muß. Reformbewegungen waren wiederholt vorhanden, aber sanken wieder in sich zusammen. – Die Antwort lautet: Die Verbindungen werden sich erst in dem Augenblick wandeln, da eine ebenbürtige Organisation in Wettbewerb mit ihnen tritt, und dank eines gesunden und anziehenden Programms ihnen die Menschen wegfängt, auf die sie angewiesen sind.

Heute gibt es noch keine solche Organisation, und die Verbindungen beherrschen das Studentenleben, weil sie tatsächlich als einzige Machtfaktoren der Universität der seelischen Tatsache Rechnung tragen, *daß der Student noch der Erziehung bedarf*.

2. Die zweite Erklärung sehe ich in der Lehrernot

Die Landerziehungsheime sollten bessere Lehrer haben als der Staat und dürfen unter keinen Umständen mit schlechteren vorlieb nehmen. Gilt es doch, den Unterricht gegenüber den vielen rivalisierenden Betätigungen des Landheims in einer ebenbürtigen Stellung zu behaupten. Es wäre wenig gewonnen, wenn zwar praktische Arbeit, Sport, organisatorische Aufgaben mit Begeisterung angepackt werden, der Unterricht aber lustlos vor sich geht. Das Prinzip der Arbeitsschule ist heute allgemein anerkannt, dreißig Jahre seitdem Kerschensteiner seine befreiende Idee verkündet und in Münchener Schulen verwirklicht hat. Aber weder die Landerziehungsheime noch die Staatsschulen verfügen heute über eine genügende Anzahl von Lehrern, die den Anforderungen der Arbeitsschule gewachsen sind.

Hören wir *Kerschensteiner* selbst über das, was von einem echten Arbeitsunterricht verlangt werden muß:

„Damit nämlich ‚Sachlichkeit' das Ergebnis der Arbeit im pädagogischen Sinne ist, muß, wie wir gesehen haben, jede Arbeit, die wir dem Schüler stellen, der Selbstprüfung des Arbeitsproduktes, seiner Übereinstimmung mit den sachlichen Forderungen zugänglich sein. In dieser inneren Nötigung zur Selbstprüfung und in der Möglichkeit dieser Selbstprüfung im erzeugten Gute, mag dieses Gut nun eine innere Gedankenverbindung oder eine sittliche Willenshandlung oder ein äußeres technisches Gut sein, haben wir das Grundmerkmal der rechten Arbeitsschule. (...)"

Um diesem Geiste zu genügen, müssen die Lehrer über eine souveräne Beherrschung des Stoffes verfügen und selber eine leidenschaftliche Arbeitsenergie ausströmen. Das Landheim braucht darüber hinaus eine begrenzte Anzahl von hochqualifizierten Forschern. Es hat sich herausgestellt, daß letzthin diejenigen Lehrer bei uns die freudigste Gefolgschaft finden, die irgendein geistiges Ziel verfolgen, das jenseits der Landheimmauern liegt, und an dessen Bedeutung gemessen die Tagesleiden und -freuden des Landheims nichtig erscheinen.

Haben wir Lehrer solcher Eignung in genügender Anzahl? Die Antwort ist ein klares „Nein". Wir können weiter gehen: wir werden sie nie haben, solange wir unseren Lehrern nicht bessere Arbeits- und Lebensbedingungen schaffen. Erst dann können die Landheime pädagogische Werkstätten werden, wie sie heute die menschliche Notlage der Nation fordert, das heißt erst dann werden wir der Aufgabe gewachsen sein, Lehrer auszubilden, die als Sendboten der Landheimerziehung an der Staatsschule wirken und nicht davor zurückschrecken, auch dort den Zehn-Stunden-Tag für Lehrer einzuführen, um mit ihren Schülern eine Lebensgemeinschaft aufzubauen.

3. Eine dritte Erklärung finde ich im Schülermaterial
Hier darf ich aus einem *Rundschreiben an die Salemer Eltern* zitieren:

„Für die bevorstehende Neuaufnahme von Schülern werden wir sechs Klassen von Schulgeld einrichten, die entsprechend den Vermögensverhältnissen der Eltern abgestuft sind; wir werden darum bitten, auf Grund einer Selbsteinschätzung anzugeben, was für ein Kind jährlich gezahlt werden soll.

Wenn wir die Einkünfte unserer Schule nicht erhöhen, sehen wir uns genötigt, zu Ostern unsere Freistellen weitgehend abzubauen. Davor schrecken wir zurück, einmal in Gedanken an die begabten Kinder, deren Bewerbungen vorliegen, und die unsere zu Ostern abgehenden Freischüler ersetzen sollen, aber nicht minder im Interesse der gutsituierten Kinder, die wir im Einverständnis mit ihren Eltern vor verweichlichenden Einflüssen schützen wollen.

Dieses Ziel kann nur dadurch erreicht werden, daß Kinder, deren häusliches Leben Einfachheit, ja Härten aufweist, in genügender Zahl vorhanden sind, um eine eigene Tradition in Salem bilden zu können. Wenn im nächsten Jahr für die Stellung des Wächters in erster Linie zwei Schüler aus wohlhabenden Häusern in Betracht kommen, so verdanken wir und sie ihre Entwicklung zu einem guten Teil der Struktur unserer Schülerschaft."

Ein jedes Landerziehungsheim kann die gleiche Erfahrung bestätigen: *Sind die „Plutokraten" übermächtig an Gewicht und Zahl, so leiden sie unter einem entnervenden Gefühl der Privilegiertheit, das sie unfähig macht zur Hingabe an die gemeinsame Sache der Schule wie der Nation.*

XII

Diese drei Schwächen sind heute von den Landerziehungsheimen scharf erkannt worden. Wir sehen Wege der Abhilfe:

1. Die Erstellung eines Alt-Landheimer-Hauses an einer deutschen Universität
Man denkt an Heidelberg oder München. Das Haus müßte auf eigenem Grund und Boden stehen, über Club- und Arbeitsräume, Sportplätze und eine Festhalle verfügen, die Debatten und Aufführungen dienen soll. Die Kerntruppe, deren Aufgabe wäre, dieses Haus zu einem Mittelpunkt des studentischen Lebens zu machen, sollte der Bund der Alt-Landheimer oder der Salemer Bund sein. (...)

2. Die Verbesserung des Lehrermaterials
Ich möchte hier das Wort eines Führers des deutschen Wirtschaftslebens zitieren: Die bestbezahlten Berufsklassen sollten die Richter, Lehrer und vereidigten Buchhalter sein. Es ist anzustreben, daß die ständigen Mitarbeiter der Landerziehungsheime in ihren Gehältern und Pensionsansprüchen etwa den Universitätsprofessoren gleichgestellt werden. Sie müssen durch eine genügende Anzahl von Mitarbeitern so weit im Unterricht entlastet werden können, daß ihnen auch noch Kraft und Zeit zu eigenen Arbeiten übrig bleibt. Alle sieben Jahre sollten sie ein Jahr auf Urlaub gehen, entsprechend dem Sabbathjahr der amerikanischen Lehrerschaft, um sich wieder geistig aufzufüllen und ihre Nervenkraft aufzufrischen, sei es an deutschen Universitäten oder an Erziehungsanstalten des Auslandes. (...)

3. Die Verbesserung des Schülermaterials
Es muß unser Ziel sein, wenigstens für 40% unserer Schüler die volle Freiheit der Auswahl zu haben, ohne durch Rücksichten auf die finanzielle Leistungsfähigkeit der Eltern gehemmt zu werden. Man sollte auf dem Wege des Wettbewerbs die 40% freien Stellen mit solchen Kindern besetzen, deren Verstandes- und Charaktereignung verheißt, daß sie dereinst als Pioniere die Gesinnung des Landheimes hinaustragen.

XIII

Die Landerziehungsheime sehen heute ein, daß sie mehr tun müssen, als ein paar Tausend Kinder in gesunder Umgebung aufzuziehen. Uns ist aufgegeben: gegen den reißend fortschreitenden Verfall unseres Volkes einen Damm aufzurichten. Das Programm, das wir aufstellen, erfordert große Mittel. Aus eigener Kraft können wir sie nicht aufbringen. Vielleicht würde der Staat uns ein wenig helfen, nachdem er uns öffentlich bescheinigt hat, daß wir Aufgaben lösen, die er nicht bewältigen kann. Aber wir dürfen uns nicht in eine Abhängigkeit vom Staat begeben, sonst laufen wir Gefahr, daß die schöpferische Initiative der freien Erzieher gelähmt wird.

Aus verantwortlichen Kreisen der Wirtschaft kommt mit einer sich von Jahr zu Jahr steigernden Dringlichkeit der Ruf nach Charakteren. Wir glauben, der Wirtschaft umsichtige, energische und verläßliche Menschen liefern zu können, wie sie sie als Kaufleute, Techniker, Beamte brauchen kann, und wollen unser Bestes tun, um auf die Dauer gleichtauglichen Nachwuchs sicherzustellen.

Ich darf mit den Worten schließen, die ich an Dr. Andresen schrieb:

„Im Jahre 241 v. Chr. hatte der römische Senat keinen Mut mehr, eine neue Flotte zu bauen; da entschlossen sich eine Anzahl einsichtige und hochherzige Männer, den Staat auch ohne Regierungsbeschluß zu retten; durch Privatunterzeichnung, wie sie wohl auch in Athen, aber nie in so großartiger Weise vorgekommen ist, stellten die vermögenden patriotisch gesinnten Römer die Kriegsflotte her, die überhaupt weit sorgfältiger hergestellt war, als dies bisher beim Staatsbau geschehen war. Diese Tatsache steht vielleicht ohne Beispiel da in den Annalen der Geschichte."

(Mommsen, Römische Geschichte)

Ich bin überzeugt, daß angesichts der allgemeinen pädagogischen Verwahrlosung in Deutschland der Augenblick gekommen ist, wo wir die Schicksalsfrage an die Industrie richten müssen als den Mitträger der geschichtlichen Verantwortung: Wollt Ihr die Erziehung bauen helfen, und zwar sorgfältiger, als es je dem Staate gelingen kann?

Natürlich hat man nur ein Recht, diese Fragen zu stellen, wenn man entschlossen ist, „Schule zu machen", weit mehr, als es bisher im Plane der Landerziehungsheime lag, das heißt Methoden auszubilden, die schließlich auch, arg gegen ihren Willen, die Staatsschule in unsere Gefolgschaft zwingen.

Seit der Abfassung dieses Vortrags, der im Südwestdeutschen Rundfunk gehalten worden ist, hat der Verfasser von einer amerikanischen Studienreise die Gewißheit mitgebracht: Die Tagesschule kann ebensogut milieubildend wirken wie das Internat. Der Gedanke läßt uns keine Ruhe mehr: die Landerziehungsheime haben die Verpflichtung, am Rande einer großen Stadt – ich denke in erster Linie an Hamburg oder Bremen – aus privaten Mitteln eine Tagesschule zu gründen.

(Den Gedanken der Tagesheimschule hat Kurt Hahn jahrzehntelang weiterverfolgt, vgl. z. B. Kurt Hahn: Erziehung zur Verantwortung. Reden und Aufsätze, Stuttgart 1958, S. 79 ff.)

6 „... einer faschistischen Erhebung entgegen"
Ein Brief von 1930

Bei der Reichstagswahl am 14. September 1930 errang die NSDAP 18 Prozent der abgegebenen Stimmen; damit konnte sie die Zahl ihrer Abgeordnetenmandate verneunfachen. Das Wahlergebnis wirkte im In- und Ausland alarmierend. Kurt Hahn schrieb am 15. September einen Brief, dessen Adressat und Umfang nicht genau bekannt ist. Gekürzte Abschriften zirkulierten im Freundeskreis, und 1932, als Kurt Hahn sich bereits an höchsten Stellen gegen eine Übergabe der Regierungsgewalt an Hitler verwandt hatte, erschien der Brief zusammen mit anderen politischen Stellungnahmen in einem Privatdruck unter dem Titel „Ungehörte Warnungen".

(...) Nun liegen heute die Wahlergebnisse vor, und ich kann Ihnen die Versicherung geben: wir gehen mit Naturnotwendigkeit einer faschistischen Erhebung entgegen, es sei denn, daß wir den Nazis durch einen Staatsstreich innerhalb der Verfassung den Wind aus den Segeln nehmen. Es zuckt mir in den Fingern, wie seit 18 nicht, mich um politische Angelegenheiten zu kümmern; aber ich glaube wirklich, daß die höhere Pflicht mich hier zurückhält, möchte nur mein Gewissen beruhigen, indem ich Ihnen das klar erkannte Rezept zur Verfügung stelle, das nach meiner Überzeugung uns noch vor dem Chaos bewahren könnte.

1. Was bedeutet die Zahl „107" Nationalsozialisten? – Eine unerhörte Stärkung des Selbstvertrauens derer, die auf den gewaltsamen Umsturz hinarbeiten. Die eigenen kühnen Erwartungen sind weit übertroffen. Vor allem aber wird ein großer Teil der staatstreuen Gegner der Nationalsozialisten von der lähmenden Suggestion befallen werden: wir haben es hier mit einer siegreichen Sache zu tun. Die Nationalsozialisten selbst werden diese Skepsis spüren und agitatorisch verwerten.

2. Meine Beunruhigung wäre viel geringer, wenn ich mir sagen

könnte, diese Staatsfeinde sind alles Idioten oder Schurken. Unter den 6½ Millionen befindet sich eine große Anzahl von ehrlich Verzweifelten, die keinen Ausweg sehen. Die Nationalsozialistische Jugend umschließt bestes Menschenmaterial. Ich kenne diese jungen Leute, die heimlich ihre kriegerischen Lieder singen und mit dem Opfertod rechnen, wie mit etwas, was sie nicht schreckt. Ihr Gesichtsausdruck mahnt häufig an die Kriegsfreiwilligen des Jahres 1914.

3. Was ist die wirkliche Kraftquelle der Nationalsozialisten? – Von der wirtschaftlichen Not abgesehen, ist es der Ekel über die Korruption des deutschen Parlamentarismus. (...)

Schlußfolgerung: Ich verfahre nach dem Rezept, das Sie und ich immer wieder im Kriege empfohlen haben: Sprenge und schwäche die Gegner dadurch, daß du ihr moralisches Kampfgeschrei entwertest. Wie die deutsche Erklärung über Belgien in England während des Krieges die Kriegshetzer von den Landesverteidigern getrennt hätte, so ist es heute möglich, die Ehrlichen und Anständigen aus der Nationalsozialistischen Bewegung weitgehend herauszulösen.

1. Der Parlamentarismus ist nicht mehr zu halten. Wir brauchen die schon von Kant geforderte Trennung von Exekutive und Legislative. Wohl können Parlamentarier in der Regierung sein, aber ihr Anspruch auf eine leitende Stellung sollte auch auf ihrer persönlichen und fachlichen Eignung beruhen ...

2. Nach Zusammentreten des Reichstages müßte die Regierung in folgerichtiger Fortsetzung eben dieser Maßnahmen eine große Wahlrechtsreform einbringen: Lebenswichtig ist die Abschaffung der Liste und die Heraufsetzung des Wahlalters, bedeutsam auch, daß die Wahlkreise klein genug werden, um ihre ein oder zwei Vertreter wirklich zu kennen ...

3. In der Frage der Revision des Versailler Vertrages darf nicht mehr so zaghaft wie bisher gestammelt werden ...

4. Das neue Programm der Finanzreform sollte von einem Fachmann vorgelegt werden, aber mit dem Nachdruck einer zwingenden Zuversicht ...

5. Noch vor der Rede des Reichskanzlers müßte die Verschmelzung der Mittelparteien zu *einer* großen Partei erfolgt sein ...

7 „… es geht um Deutschland"
Das Rundschreiben von 1932

Anfang August 1932 drangen fünf SA-Leute in die Wohnung eines kommunistischen Arbeiters ein und erschlugen ihn vor den Augen seiner Mutter. Ein Sondergericht in Beuthen verurteilte sie zum Tode. Hitler sandte den Mördern ein Telegramm: „Meine Kameraden! Angesichts dieses ungeheuerlichen Bluturteils fühle ich mich Euch in unbegrenzter Treue verbunden. Eure Freiheit ist von diesem Augenblick an eine Frage unserer Ehre." Die offene Identifikation auch anderer Nationalsozialisten mit der gemeinen Mordtat bewegte die Öffentlichkeit. Kurt Hahn schickte am 9. September das folgende Rundschreiben an die Altschüler im Salemer Bund. Ein Brief ähnlichen Inhalts wurde auch dem Reichspräsidenten übermittelt.

Durch das Telegramm von Hitler an die „Kameraden" von Beuthen am 23. August 1932 ist ein Kampf in Deutschland entbrannt, der über die Politik hinausführt.

„Es geht um Deutschland: seine christliche Gesittung, sein Ansehen und seine Soldatenehre."

Salem kann nicht neutral bleiben. Ich fordere die Mitglieder des Salemer Bundes auf, die in einer SA oder SS tätig sind, entweder ihr Treueverhältnis zu Hitler oder zu Salem zu lösen.

8 Ein Internat in Deutschland
Vortrag über Salem

Nach England emigriert, begann Kurt Hahn bald mit dem Aufbau einer Schule nach Salemer Muster. Um seine Erziehungsvorstellungen einer breiteren Öffentlichkeit bekannt zu machen, entfaltete er eine umfangreiche Tätigkeit als Redner und Autor. Der Rundfunkvortrag von 1934 gibt mehr als andere Berichte einen umfassenden Überblick über Ziele, „Gesetze" und Einrichtungen Salems in den zwanziger Jahren.

Jeder Deutsche, der mit den Landerziehungsheimen verbunden ist, muß dankbar die Gelegenheit begrüßen, diesem Land öffentlich Bericht zu erstatten und Dank zu sagen; denn es war das britische *public-school*-System, das Hermann Lietz, den größten Pädagogen des modernen Deutschland, bewog, 1899 das erste Landerziehungsheim zu gründen.

Ein Vertreter von Salem fühlt sich hierin besonders verpflichtet, zumal wir wesentliche Züge unseres Systems den Lehren von Professor J. A. Stewart von Christ Church College verdanken, jenem großen Jünger Platos, der kürzlich verstorben ist. Wenn ich nun über die Ziele und Methoden Salems spreche, muß ich befürchten, daß meine Ausführungen als Kritik an den englischen *public schools* mißgedeutet werden könnten. Eine solche Kritik wäre zu allen Zeiten unangebracht, aber ganz besonders von mir, der ich England wohl vor dem Krieg kannte, aber das heutige England nicht kenne.

Auch sollte es das Ziel jedes Erziehungssystems sein, das Schlechte im nationalen Charakter auszumerzen und das Gute zu fördern. Die Krankheiten des Nationalcharakters sind jeweils andere in den einzelnen Ländern, und wo sie sich ähneln, unterscheiden sie sich doch in ihrer Ausgeprägtheit. Ich glaube, daß zum Beispiel die Krankheit der Selbstbeobachtung in den südlichen Ländern weniger bösartig auftritt; dort kann man sich auf die glücklichere Mentalität der Bevölkerung verlassen, die wie eine frische Brise gesundend oder erneuernd wirkt, während wir in den nördlichen Regionen solche heilenden Quellen entbehren.

Prinz Max von Baden gründete Salem im Jahr 1919 im Schatten des Vertrages von Versailles. Ein paar Tage vor der Unterzeichnung dieses Vertrags zog er sich auf sein Schloß am Bodensee zurück, einer alten Zisterzienser Abtei; und kurz davor hatte er einen letzten Aufruf an das deutsche Volk gerichtet: „Wenn sie unterzeichnen, ist Europa zu einem Chaos nationalen und sozialen Aufruhrs verurteilt."

Diese Warnung wurde in den Wind geschlagen. Das Volk hatte keine Kraft mehr. Kein Wunder: Bis zum März jenes Jahres starben täglich 800 Menschen durch die Blockade, die Kindersterblichkeit verdoppelte sich, die Ärzte standen hilflos vor heilbaren Krankheiten, Tausende von Müttern konnten keine angemessene Ernährung für ihre genesenden Kinder bekommen, die Lebenskraft der heranwachsenden Generation schien im Mark getroffen. Alle Wunden unserer Geschichte, die so reich an Zwietracht ist, schienen wieder aufzubrechen. Ein Klassenkampf von unerhörter Bitterkeit herrschte, es gab heftige religiöse Streitigkeiten, und gleichzeitig triumphierte der Zynismus – selbst bei den Rechtschaffenen bestand kein Wunsch, durch gemeinsame Anstrengung die einst heiligen Werte der Nation zu verteidigen. Man neigte dazu, das grausame Wort Bismarcks zu zitieren: „Wenn zwei Deutsche einer Meinung sind, so zanken sie sich darüber, weshalb sie einer Meinung sind."

Deutschland war wirklich in einem traurigen Zustand, und man machte Prinz Max von Baden für die nationale Katastrophe verantwortlich, die – wie ich und andere glauben – hätte verhindert werden können, wäre er rechtzeitig zum Kanzler ernannt worden. Seine Antwort war die Gründung der Schule Salem, und er setzte seinen ganzen Ehrgeiz darein, durch Erziehung den Heilungsprozeß der innen- und außenpolitischen Misere Deutschlands in Gang zu bringen. Dies war seine Botschaft an uns:

„Macht euch die tragische Lektion des Krieges zunutze. Sorgt dafür, daß die Welt des Handelns und die Welt des Denkens nicht länger zwei getrennte feindliche Lager sind. Entwickelt Vorstellungskraft bei dem entschlußfreudigen Jungen und Willenskraft bei dem Träumer, so daß in Zukunft hellsichtige Männer die Ner-

Abb. 1: 1935
Hintere Reihe (von links): A. Arnold-Brown, Jocelin Winthrop-Young, G. E. Sale, Christel Nohl, Commander Lewty, Mr. Waylen, Kurt Hahn
Vordere Reihe: Prince Philip, Jan Weber, Guido Kocherthaler, Jörg von Bonnet

Abb. 2:
Kurt Hahn
vor dem Ersten Weltkrieg

Abb. 3: Salem

Abb. 4: Kurt Hahn 1970

ven haben, um den Weg zu führen, den sie gewiesen haben, und daß Tatmenschen die Phantasie haben, die Folgen ihrer Entscheidungen zu überblicken. Stärkt den Geist spontaner Disziplin und Zusammenarbeit, macht eine nationale Bruderschaft aus eurer Gemeinschaft, legt Grundlagen für den Klassenfrieden. Baut Brücken zur Außenwelt, und schafft schließlich ein Erziehungssystem, das der Nation übergeben werden kann. Bildet Soldaten aus, die auch den Frieden lieben."

Wie kann man einen soldatischen Geist hervorbringen und ihn zugleich eindämmen? Kann man – in Deutschland – Soldaten ausbilden, die für den Frieden beten und gleichzeitig vorbereitet sind auf die Verteidigung gegen einen übermächtigen Angreifer? Hier die Antwort von Prinz Max:

„Der wahre Charakter eines Menschen und einer Nation kann nicht durch statistische Methoden ermittelt werden. Mensch und Nation können sich für lange Zeit verlieren: ihr Charakter, wie Gott ihn wünschte, flammt nur in seltenen Augenblicken auf."

Im Jahre 1812, als Fichte zur deutschen Nation sprach und die französische Armee, seelisch und körperlich gebrochen, aus Rußland nach Deutschland hineinflutete, erhob sich eine Welle der Nächstenliebe, und den Unterdrückern wurde freundlich Unterkunft gewährt von den Menschen, die später im Befreiungskrieg gegen sie kämpften. Im August 1914 wurde Hindenburg während der Schlacht von Tannenberg gebeten, die Verwundeten zu trösten. Er weigerte sich: „Ich könnte nicht mehr befehlen, nachdem ich ihre Leiden gesehen habe." „Was ist das?" fragte Prinz Max, und seine Antwort war: „Deutschland". Im Dezember 1917, auf dem Höhepunkt unserer militärischen Erfolge, sagte Prinz Max: „Auch im Kriege ist die Feindesliebe das Zeichen derer, die dem Herrn die Treue halten. Ich möchte hinzufügen: Es ist auch das Zeichen derer, die Deutschland die Treue halten." Den größten Widerhall fand er in der Armee.

Dieses sind in der Tat Lichtpunkte in der Geschichte, die den nationalen Charakter enthüllen und bestätigen. Prinz Max hat die

Fackel ergriffen, ihr in seinem berühmten Schloß Salem eine Heimstatt gegeben und sie gepflegt; er folgte dem Vorbild ihrer *public schools*. Mit Pindar sagte er dem einzelnen und der Nation: „Werde, der du bist!"

Lassen Sie mich nun beschreiben, wie wir die Botschaft unseres Gründers in ein Erziehungssystem übertragen haben. Erstens haben wir das Schulgeld nach dem Einkommen der Eltern gestaffelt. Auf diese Weise entgingen wir dem entnervenden Gefühl der Privilegiertheit, das sich oft in einer Schule einstellt, wo nur Kinder wohlhabender Eltern beieinander sind. Wir stellten fest, daß Dekadenz nicht immer ein unabwendbares Naturgesetz ist. Häufiger ist sie eine absichtliche Verschwendung eines großartigen Erbes. In ihrem eigenen Interesse und dem der Nation sollten die Kinder der Mächtigen und Begüterten die Erfahrungen eines faszinierenden Schullebens mit den Söhnen und Töchtern teilen, deren Eltern um ihre Existenz zu kämpfen haben. Nur weil im ersten Jahr 30 Prozent der Kinder aus Familien kamen, deren Leben nicht nur einfach, sondern hart war, konnten wir in Salem eine Tradition tatkräftiger und froher Anstrengung aufbauen.

Zweitens war Salem eine Tagesschule angeschlossen, deren Kinder aus selbstbewußten Bauernfamilien kamen. Sie brachten eine entschieden kritische Haltung mit, die manchmal so stark war, daß sie die zwei Erscheinungen verjagte, die unvermeidlich in jedem erfolgreichen Internat spuken: Selbstzufriedenheit und Selbstbetrug.

Drittens holten wir die Handwerker aus der Umgebung in das Schulleben hinein. Dabei hatten wir besonders Glück, denn schon seit Klosters Zeiten war bei einigen das Handwerk immer vom Vater auf den Sohn übergegangen. Wir schickten unsere Jungen in die Dorfwerkstätten – zum Buchbinder, Maurer, Tischler, Schlosser, Schmied und Holzschnitzer. Diese Handwerker erwiesen sich oft als wahre Erzieher; ihnen war schlampige Arbeit ein größeres Greuel als dem Lehrer.

So war Salem von Anfang an nie isoliert. Bald wurde es zum Zentrum der Umgebung und weckte die Vergangenheit in ihrer

Würde zu neuem Leben. Zu Weihnachten führten unsere Kinder immer ein Krippenspiel auf. Protestantische Flüchtlinge hatten es ursprünglich im 16. Jahrhundert nach Ungarn mitgenommen, wir brachten es an den Bodensee zurück. Über tausend Zuschauer kamen, konnten auch noch den alten Dialekt verstehen, und jedes Jahr regte sich der gleiche Schauder, wenn Herodes befahl, die Kinder zu töten, und die Jungfrau Maria plötzlich vor ihm stand: „O Herodes, o Herodes, du gottloser Mensch. Was haben die kleinen Kinder dir getan?" Fast genauso viele kamen zu den Shakespeare-Stücken oder den griechischen Dramen, die jeden Sommer vor dem Schloß aufgeführt wurden.

Nun spreche ich über die Salemer Schüler-Selbstverwaltung. Anfangs übernahmen wir das Präfekten-System. Wir nannten sie Helfer. An ihrer Spitze stand der Wächter. Sie waren für Ruhe und Ordnung und den Stil der Schule verantwortlich. Auf Anregung eines englischen Kollegen, einem ehemaligen Schulsprecher von Eton, übertrugen wir den Helfern zunehmend Verantwortung und vertrauten ihnen so wichtige Aufgaben an, daß der Schulstaat zusammenbrechen mußte, wenn sie schlampig ausgeführt wurden, oder aber erhalten blieb bei tüchtigem Einsatz. Jeder Helfer leitete ein Arbeitsgebiet. Es gab den Werkhelfer. Er beaufsichtigte den Bau der Aschenbahn, die bis zum Treffen mit Harrow fertig sein mußte und 200 £ weniger kosten sollte, als ein Fachmann errechnet hatte; sie wurde gerade noch rechtzeitig fertig, und zusammen mit dem Sportplatzwart hatten die Jungen die ganze Arbeit allein gemacht. Dieser Helfer war auch Berater für die Techniker-Innung, die vier Jahre lang mit der Errichtung einer Holzhütte in den Hügeln – acht Kilometer von Salem entfernt – beschäftigt war und zwei Jahre lang ein Segelflugzeug baute. Dann gibt es den Junioren-Helfer. Er hat die Interessen der Junioren gegenüber den Lehrern und älteren Schülern zu wahren. Wir haben den Gesundheitshelfer, der die Krankenschwester bei der Versorgung von Genesenden unterstützt und schwächliche Kinder zu beschützen hat, die durch Training allmählich abgehärtet und dennoch geschont werden müssen. Es gab besondere Übungen für Kinder mit schwachen Füßen, schwachen Armen, verkrümmten Rückgrat und Brustverengungen. Der Außenpostenhelfer kümmert sich um die

Tagesschüler und besucht sie zu Hause. Der Betriebshelfer ist dafür da, Verschwendung zu verhindern und den gefahrlosen Gebrauch der vielen Öfen zu überwachen. Die Zentralheizung im Schulgebäude war einem Jungen anvertraut, der unter ihm arbeitete.

Der Wächter und die Helfer werden vom Schulleiter ernannt und aus der Versammlung der Farbentragenden ausgesucht. Die Farbentragenden bilden eine Art Oberhaus, wie „Pop" in Eton, und wählen ihre eigenen Mitglieder. Die Aufnahme geschieht in Anerkennung für verantwortlich geleistete Arbeit. Ein Viertel der Schüler sind Farbentragende. Jeder von ihnen hat eine Aufgabe, die für den Schulstaat wichtig ist. Es gibt zwei Rangstufen, die ein Junge durchlaufen muß, bevor er Farbentragender werden kann. Nach einem Probetrimester erhält er den Schulanzug. Nach einem Jahr wird ihm das Privileg und die Verantwortung für den Trainingsplan gegeben, der eine Besonderheit Salems ist und von unseren englischen Freunden vielfach kritisiert wird. Zu seiner Verteidigung möchte ich einige Worte sagen.

Es gibt zwei Methoden, Jugendliche zu führen. Entweder kann man ihnen durch Mißtrauen Fesseln anlegen oder sie durch Vertrauen binden. Ich bin überzeugt, daß ein munterer Junge die erstgenannte Methode jederzeit zunichte machen kann. Ich selbst glaube an die andere Methode, die von Dr. Arnold – aber nur unter der Bedingung, daß man sie durch täglichen Anreiz zur Selbstkontrolle verstärkt. Der Trainingsplan bewirkt das. Jeden Abend notiert der Junge, ob er sich an gewisse Regeln gehalten hat, die zum Aufbau und zur Erhaltung seiner Leistungsfähigkeit aufgestellt wurden: zum Beispiel jeden Morgen kalt duschen; jeden Nachmittag den ganzen Körper abseifen; eine Krankheit melden; Mahlzeiten einhalten und nicht zwischendurch naschen; die individuell festgelegten Übungen machen, die entweder besondere Schwächen überwinden oder besondere Stärken entwickeln sollen. Seine Arbeit bewertet er auf die gleiche Weise und trägt ein Plus oder Minus in die Rubriken ein: alle Arbeiten erledigt; schweigend gearbeitet; pünktlich mit der Arbeit angefangen. Die Farbentragenden müssen als Teil ihres Plans jeden Sonntag zwei Stunden allein spazieren gehen. Das soll eine schützende Gewohnheit entwickeln gegen die nervenaufreibende und ablenkende Zivilisation von heute. Manchmal werden gewisse Punkte unter dem Zeichen „x" eingetragen, dessen Bedeutung nur dem Jungen selbst bekannt ist oder möglicherweise auch dem Mentor, wenn ihm das Vertrauen geschenkt wurde. Diese Punkte können wichtige und subtile Fragen der Selbstdisziplin berühren. Eine solche Eintragung ist keine Beichte zu einem Fremden, sondern ein Bekennen vor sich selbst und seinem Gewissen.

Jetzt möchte ich die dritte Zielvorstellung des Gründers behandeln: Fördert die Phantasie des tatenhungrigen Jungen – vielmehr sollten wir sagen: erhalten wir sie ihm, denn in einem gesunden Kind ist sie vor dem Grundschulalter sowieso lebendig. Ein Junge oder ein Mädchen von sechs Jahren ist fast nie gelangweilt durch unausgefüllte Stunden. Immer träumen sie, planen, bauen, entdecken, fragen, singen und verkleiden sie sich. Dann hört das mit einem Schlag alles auf. Zuhause in den Ferien weiß das Kind nicht, was es mit sich anfangen soll. Warum? Organisierte Spiele haben zu früh eingesetzt. Sie schädigen nicht unbedingt den Träumer, der in einer sicheren und geheimen Ecke Zuflucht vor den Spielen sucht, aber sie schädigen den jungen Sportler, dessen Begeisterung für Fußball ihn weglockt von seiner schöpferischen Leidenschaft, bis sie eines Tages nicht wiederbelebt werden kann. Die Phantasie, die brachliegt, verkümmert wie ein nichtbewegter Muskel.

Anfangs nahmen in Salem die Jüngeren am Leben der älteren Jungen teil, wir wurden ihnen damit nicht gerecht. Deshalb haben wir sie in eine acht Kilometer entfernte Juniorenschule verlegt. Von dort oben überblickt man ein etwa 660 m hohes Hügelplateau, in der Ferne tauchen die Alpen auf und verschwinden wieder im Dunst, und ein Zipfelchen vom See ist zu erkennen. Schon die Landschaft hat eine stärkende Wirkung auf die Unternehmungslust. Wir beschlossen, Mannschaftsspiele nicht vor dem 13. Lebensjahr einzuführen, und konnten feststellen: die Phantasie des Kindes bleibt am Leben und kräftigt sich so weit, daß sie der Pubertät standhalten kann. Wir geben ihnen reichlich Freizeit, ohne uns zu ängstigen, weil wir ihnen gesundes Futter für diese Zeit anbieten. Sie machen Dramen aus griechischen und deutschen Sagen und führen sie im Freien auf. Jedes Jahr bereiten sie das Fest der hundertjährigen Linde vor, die wie eine große schützende Mutter unweit der Schule steht. In drei Monaten erarbeiteten sie eine Ausstellung über verschiedene Nationalitäten. Zwanzig Gruppen waren damit beschäftigt, jeweils ein Volk mit seiner Musik, seinen Gewohnheiten und seiner Geschichte zu erkunden. Sie machten ihre eigenen Kostüme, und einen Tag lang war das ganze Schulgelände von Zelten übersät. Alle verlangten Eintrittsgeld, was zur Gründung eines kleinen Zoos beitrug. Neuerdings gibt es jenseits von Hügeln, Flüssen und tiefen Schluchten eine zweite Juniorenschule. Um mit den Rivalen zu raufen und sie zu berauben, wurden Monate im voraus Expeditionen ausgeheckt und geplant; viele kamen glücklicherweise nicht zustande, aber einige – fürchte ich – wurden mit strategischem Genie und taktischer Präzision in den frühen Morgenstunden ausgetragen.

Der Juniorenschüler, der dann nach Salem kommt oder der anderen Seniorenschule Spetzgart, die 1929 eröffnet wurde, bringt eine unversehrte Vorstellungskraft mit. Damit das aber so bleibt, mußten wir die Mannschaftsspiele sogar in der Seniorenschule entthronen. Sie wurden zahlenmäßig beschränkt. Zwei Tage in der Woche sind sie Pflicht, an anderen Tagen – in der Regel auch am Sonntag – sind sie nicht erlaubt. Wir hatten einen Leistungsrückgang bei den Kampfspielen erwartet, aber das Gegenteil trat ein. Durch die Beschränkung haben unsere Mannschaftsspiele an Würde und Festlichkeit gewonnen – sie sind eher wie griechische als römische Wettkämpfe.

Und nun komme ich zu der schwierigsten Forderung unseres Gründers: Sorgt dafür, daß der sensible Träumer für die gemeinsame Sache arbeitet und wirklich Anteil an ihr nimmt. Es stellt sich die Frage, inwieweit wir sogenannte nervöse und schwierige Kinder in unser Gemeinschaftsleben aufnehmen sollten. Wenn zum Beispiel ein Vater mit folgender Geschichte zu mir käme: der Junge ist widerspenstig und unausgeglichen, wechselnd übermütig und deprimiert, steigt auf Türme, hat aus Läden gestohlen und zwei Selbstmordversuche gemacht – müßte ich ihm nicht raten, ihn in ein Heim für schwererziehbare Kinder zu schicken? Hier handelt es sich nicht um eine erfundene Geschichte. Dieser Junge hat im 18. Jahrhundert in England gelebt und hieß Clive. Ich bin der Meinung, daß mein Internat einen Jungen wie Clive aufnehmen sollte, nicht um ihm einen Gefallen zu tun, sondern im Interesse meines Landes.

Nachdem die Pistole auch zum zweiten Mal versagt hatte, glaubte Clive, daß Gott ihn für eine Aufgabe in dieser Welt vorgesehen hatte. Ich bin überzeugt, daß der Glaube an das eigene Schicksal nicht von einem glücklichen Zufall im späteren Leben abhängen sollte, sondern daß wir diesen Glauben in den uns anvertrauten Kindern wecken müssen. Wir können das durch Befriedigung der *grande passion* erreichen. Jedesmal, wenn ich vor Erziehern in Deutschland oder im Ausland darüber spreche, erheben sie zwei Einwände. Der erste: Nur wenige Kinder haben eine „große Leidenschaft". Ich glaube, fast jedes normale Kind – ob Junge oder Mädchen – hat eine *grande passion*, die oftmals verborgen und bis ans Lebensende unverwirklicht bleibt. Allerdings behaupte ich nicht, daß Salem sie immer aufdecken konnte, aber wir haben genügend Beweise, daß sie fast immer vorhanden war; wenn sie unerkannt blieb, hatten wir versagt. Der zweite Einwand ist folgender: Wo eine echte und wertvolle Leidenschaft vorhanden ist, findet sie immer von selbst ihren Weg. Ich halte diese Einstellung für gefährlich, obgleich sie Eltern und Lehrern ein wohlverdientes schlechtes Gewissen erspart. Lassen Sie mich den Einwand mit einer Geschichte aus meiner Studienzeit widerlegen. Es gab einmal einen amerikanischen Rhodes-Stipendiaten. Er war bei uns als Hochspringer bekannt, als faul und intelligent. Seine Leistungen waren nur ausreichend, er heiratete und wurde ein zweitklassiger Anwalt im Mittleren Westen. Während des Krieges diente er bei der Küstenwacht, wo er oft nachts die Sterne beobachtete, die ihn – außer in seiner frühen Kindheit – nie mehr interessiert hatten. Heute ist er einer der führenden Astronomen der Welt. Müssen wir auf einen Weltkrieg warten, damit Professor X und andere wie er zu sich selbst finden?

Wie können wir nun die *grande passion* entdecken? Bestimmt nicht durch unbedachtes Eindringen in die Seele des Jungen. Der tiefsitzende Tatendrang ist das stärkste und gleichzeitig empfindlichste Werk der Schöpfung. Wird er dem Tageslicht ausgesetzt und bloßgelegt, kann er für immer gelähmt werden. Zudem ist gefühlsmäßige Zurückhaltung bei Kindern unserer nördlichen Breitengrade eine Art Schamhaftigkeit, in die man nicht hineinpfuschen sollte, auch nicht im Namen der Religion. Salem glaubt, daß man der Jugend Möglichkeiten zur Selbstfindung geben sollte, indem man sie in enge Berührung mit vielfältigen Aktivitäten bringt. Wenn ein Kind sich selbst gefunden hat, wird man oft einen Freudenruf hören oder entzückt sein von einer anderen Äußerung seines elementaren Glücksgefühls. Aber solche Aktivitäten dürfen nicht als Überbau einem anstrengenden Programm aufgestülpt werden. Es ist sinnlos, ein Tier, das man den ganzen Tag im Stall gefüttert hat, auf eine saftige Weide zu führen. Die zahlreichen Aktivitäten können unmöglich ein Kind fesseln und fördern, es sei denn, sie haben einen anerkannten Ehrenplatz im Tagesprogramm. Der Samstagnachmittag gehört den Innungen der Naturforscher, Techniker, Landwirte und Herolde (Kunstliebhaber). Überdies gibt es viele Möglichkeiten, um das Verlangen nach Verantwortung, die schöpferischen Kräfte, den Samariter-Drang und die Lust am Abenteuer zu befriedigen. Wenn nun der sensible Junge seiner *grande passion* zu leben beginnt, denken wir, daß er genügend Widerstandskraft hat, um einer Niederlage ausgesetzt zu werden und sie dann zu überwinden; das heißt, wir drängen ihn absichtlich zu Aktivitäten, die bei ihm Angst vor dem Scheitern auslösen. Wir haben festgestellt, daß die Seele des Kindes, hat sie schon einmal einen Triumph erlebt, in einer Niederlage auf bisher unangetastete Reserven zurückgreifen kann.

Dieses allmähliche Abhärten wird durch unser Körpertraining verstärkt. Alle Kinder müssen vor dem Frühstück einen Morgenlauf machen. Fast alle Jungen üben sich das ganze Jahr über im Laufen, Springen und Werfen, viermal die Woche – in der Trainingspause am Vormittag – halten wir sie dazu an. Wir fanden heraus, daß die Widerstandsfähigkeit und Spannkraft bei 90 Prozent der Jungen gesteigert werden kann. Der Hochsprung eignet sich besonders zur Entwicklung der Entschlußkraft. Der Junge mit ausgeprägtem Intellekt schreckt anfänglich oft vor dieser Herausforderung zurück, aber wenn er seine Abneigung gegen körperliche Anstrengung überwunden hat, beginnt das tätige Leben ihn anzulocken. Wir haben durch den Hochsprung einen Stotterer geheilt. 1928 konnten 80 Prozent der Jungen, die unsere Schule verließen, über 1,50 m hoch springen. Spetzgart, unsere zweite Seniorenschule, hat schwächlichen Jungen noch erfolgreicher zu Nervenkraft und physischer Stärke verholfen. Das Segeln und Rudern in Kuttern auf dem Bodensee unter Leitung von zwei Marineoffizieren erwies sich als besonders wirkungsvoll. Für einige Jungen, die ursprünglich unsportlich waren, gab es als krönenden Abschluß eine lange und gefahrvolle Expedition zu Wasser und zu Land. Solche Expeditionen wurden von der Schule gelegentlich durchgeführt mit der Absicht, sie zu einem wichtigen Element unserer Erziehung zu machen. Im Sommer 1925 fuhren 18 Jungen nach Finnland. Sie kauften Boote, überquerten den Päijänne- und Saimaasee und lebten zum Teil vom Fischen und Jagen, dann verkauften sie wieder ihre Boote.

Ich habe Ihnen erzählt, wie wir versucht haben, die Ideen unseres Gründers zu verwirklichen. Dabei entdeckten wir einen Wesenszug des Menschen, auf den wir nicht vorbereitet waren, der jedoch den entscheidenden Beitrag Salems zur Pädagogik auch des Auslands darstellt: Wenn man die *grande passion* vor oder zu Beginn der Pubertät anzuregen vermag, wird sie zum Schutzengel der Entwicklungsjahre, während der ungeschützte und unerschlossene Junge zwischen 11 und 15 seine Lebensfreude selten ungebrochen bewahrt. Wir möchten sogar behaupten, daß der Unterschied in der geistigen Reife eines Jungen von 13 und eines Jungen von 11 Jahren größer ist als der zwischen einem dreißigjährigen Mann und einem dreizehnjährigen Jungen. Nun wird dieses vorzeitige Altern von der Familie und der Schule als schicksalsbedingt hingenommen. Hier nennt man es das linkische Alter, wir sprechen von den Flegeljahren. Bis jetzt hatten wir alle einfach angenommen, daß der Vierzehnjährige seine Siegesgewißheit – wie Plato sie nennt – ebenso verliert wie seine Kraft sich zu freuen, zu trauern oder zornig zu werden, daß er lahm und eng wird in seiner Liebesfähigkeit, daß sein Unternehmungsgeist ermüdet, seine göttliche Neugierde erlischt und sogar aus seinem Gesicht der Reiz des Kindlichen entschwindet. Salem hat bewiesen, daß dies nicht unbedingt so sein muß. Wir können die Frische und Stärke der Kindheit ungebrochen und unverdünnt über die Pubertät hinaus bewahren und sie dem Menschen als lebenslange Quelle der Kraft mitgeben.

G. F. Watts hat einmal gesagt, daß der Spruch „Wen die Götter lieben, der stirbt jung" ihn immer unglücklich gemacht hätte, weil er gerne alt werden wollte. Eines Tages kam ihm der tröstliche Gedanke: Wer von den Göttern geliebt mit 90 stirbt, ist Kind geblieben. „Wer nicht das Reich Gottes annimmt wie ein Kind, der wird nicht hineinkommen."

Ein letztes Wort zur Geschichte der Schule. 1919 hatten wir vier Kinder, 1933 waren es 420, die in fünf nahe beieinander gelegenen Schulen untergebracht waren, in einer Landschaft, die als typisch deutsch empfunden wird und als die schönste meiner Heimat gilt. Im letzten Winter bot uns eine kleinere Stadt an, die Verantwortung für ihr Gymnasium zu übernehmen. Zugleich wurde uns ein Schloß an der Ostsee zur Verfügung gestellt. Salem hoffte, in Hamburg einmal eine große Tagesschule eröffnen zu können; die Aktivitäten der Jungen zuhause wollte man durch den Trainingsplan überwachen. 1925 stellten die Salemer Altschüler Regeln auf, die während der Studienzeit zu befolgen waren:
– alljährlich vierwöchiges nikotin- und alkoholfreies Training für das Deutsche Sportabzeichen
– einmal drei Monate Fabrikarbeit
– einen sechswöchigen Kurs an einer Segel-, Flieger- oder Reitschule

Ihr Ziel war, in Heidelberg ein Salem-Haus zu errichten. Im März 1933 kam dann die Krise. Der Markgraf von Baden, Sohn des Gründers und unser erster Wächter, übernahm die Leitung und erwarb durch Mut und Aufrichtigkeit das Vertrauen der Regierung. Sie verbürgte sich dafür, daß das Salemer System nicht geändert wird. Prinz Max wäre stolz gewesen zu sehen, wie die führenden Jungen und Mädchen diese Prüfung durchstanden. Jetzt hängt alles davon ab, daß die Kinder, Lehrer und Eltern in dieser Übergangszeit nicht die Geduld und den Mut verlieren. Die Regierung wird Salem schützen, nur Fahnenflucht kann es zerstören. Aber ich glaube, daß das System weiterleben wird und man eines Tages von Prinz Max sagen wird: „Sein Vermächtnis war die Erfüllung seines Lebens."

9 „... die Public School als Zentrum sozialen Dienstes"
Skizzen von Gordonstoun

Das Salemer System entwickelte Kurt Hahn in Gordonstoun weiter, indem er die Isolation des Internats zu überwinden und den Jugendlichen aus der Umgebung neue Bildungs- und Erfahrungsmöglichkeiten zu eröffnen suchte. In Gordonstoun entstand die Idee der Dienste, von hier aus nahm das Herzog von Edinburgh Leistungsabzeichen und die Kurzschulbewegung ihren Ausgang. Die drei Texte über die Jahre 1935, 1936 und 1941 erschienen in der Festschrift zum 10jährigen Schuljubiläum 1944. In den Kriegsjahren mußte Gordonstoun seinen Standort von Schottland nach Wales verlegen.

Eine Entdeckung

Die Felsenküste von Moray ist gefährlich, und der Teil, auf dem Gordonstoun liegt, ist von der benachbarten Küstenwache in Lossiemouth und Burghead meilenweit nicht einzusehen. Im 8. Jahrhundert – so hatte man mir berichtet – lebte ein Mönch mit Namen Gernadius, der aus Irland herübergekommen war, in einer der Covesea Höhlen auf unserem Gelände. Bei stürmischer See wanderte er die ganze Nacht auf und ab, eine Laterne schwenkend, um die Fischer vor Klippen und Untiefen zu warnen. Ich dachte, ich könnte die Jungen für den Küstendienst begeistern und erzählte ihnen die Geschichte des Heiligen. Sie wurde nicht gut aufgenommen. In ihren Augen sah ich Mißtrauen aufleuchten; sie hatten mich im Verdacht, ich wollte ihre Seelen verbessern.

Zufällig hatte das Handelsministerium von meinen guten Absichten gehört. Die beiden leitenden Offiziere der Königlichen Küstenwache kamen und sagten mir, unser Küstenstreifen wäre all die Jahre überwacht worden, hätte das Schatzamt dies nicht verhindert. „Aber wenn sie uns eine Holzhütte als Wachstation bauen und Ihre Jungs bereit sind, sie bei Bedarf zu besetzen, dann werden wir auf unsere Kosten ein Telefon installieren und Ihnen die nötige Ausrüstung zur Lebensrettung zur Verfügung stellen." (Pistolen, Raketen, Hosenboje) Ich bat die beiden Offiziere, dies der ganzen Schule vorzutragen; das taten sie auch, und es regte sich kein Mißtrauen. Denn als die Jungen hörten, das Handelsministerium sei gewillt, erhebliche Kosten zu tragen, da spürten sie die Notwendigkeit des Dienstes, der von ihnen gefordert wurde.

In zunehmender Zahl schrieben sie sich als Königliche Küstenwache ein. Bald klappten unsere Übungen. Die Jungen wurden nur zwei- oder dreimal im Trimester herausgerufen, aber immer waren sie in kürzester Zeit einsatzbereit. Manchmal mußten sie zwei oder drei Nächte hintereinander Wache schieben, dann lösten sie sich alle vier Stunden ab. Es fällt Jungen leicht, geduldig auszuharren und aufmerksam in die Dunkelheit zu spähen, „damit ein Schiff in Not sein kümmerliches Licht nicht vergeblich abbrennt". Unsere Jungen wurden regelmäßig inspiziert, ... und bei einer dieser Überprüfungen sagte Captain Rashleigh: „Ich bete, daß kein Unglück geschieht, aber wenn es sein sollte, so hoffe ich, daß es hier passiert."

Die *public school* als Zentrum sozialen Dienstes

Die Mehrheit der internen Schüler von Gordonstoun sollte sorgfältig ausgewählt werden ohne Rücksicht auf die finanzielle Lage ihrer Eltern. Zur Zeit sind wir immer wieder gezwungen, Jungen zurückzuweisen, die auf Grund ihrer Herkunft und Erfahrung sehr gut geeignet wären, den Zielen unserer Schule zu dienen.

Die Zeiten sind vorbei, in denen man unbedacht Jungen und Mädchen getrennt in herrlichen Häusern unterbringen und sie von der Außenwelt fernhalten konnte. Unsere Jungen wachen an der Küste für die Fischer von Hopeman, in den Ferien übernehmen deren Söhne unsere Pflichten als Küstenwacht. Die Schüler von Hopeman unterstützen uns mit ihren schönen Stimmen beim Weihnachtsspiel. Wir beobachten die Natur und erkunden die

Geschichte dieser gottbegnadeten Gegend. Aber das ist nicht genug.

Überall um uns her verfällt die Menschenkraft so schnell, daß keine Heilkraft, die von einem Internat ausgeht, damit Schritt halten kann. *Public schools* sollten sich in ihrem Bezirk zu Bollwerken körperlicher Tauglichkeit entwickeln. Gordonstoun möchte beweisen, daß dies machbar ist:

1. Wir wollen Gordonstoun eine Tagesschule anschließen. Die Schüler sollen zum Mittagessen und am Nachmittag noch lange genug dableiben, um an unseren Aktivitäten teilnehmen zu können. Abends gehen sie dann nach Hause; dennoch hoffen wir nachweisen zu können, daß der Tagesschüler in den Entwicklungsjahren genauso geschützt werden kann wie ein Internatsschüler. Wir werden das Schulgeld staffeln und möchten bei recht vielen nur einen geringen Betrag verlangen.

2. Wir wollen unsere Sportanlagen und unser Training jedem Jungen öffnen, der sie nutzen möchte, auch wenn er nie ein Schüler von uns war und bereits zur Arbeit geht. Heftige Auseinandersetzungen sind im Gange über die besten Methoden des Körpertrainings; sie sind nicht so wichtig, wie man uns glauben machen möchte. Aber es sollte uns große Sorgen bereiten, daß dem durchschnittlichen englischen und schottischen Jungen, wenn er nicht ein geborener Mannschaftsspieler ist, der Wille fehlt, sich zu bewegen, zu trainieren und tauglich zu bleiben. Dieses Alarmzeichen nehmen nicht nur Bürger Ihres Landes wahr, sondern auch andere, die Freiheit und Frieden für verteidigungswert halten. Mit dem Moray Badge möchten wir einen Anreiz geben, „für das Leben und durch das Leben zu trainieren". ...

3. Wir möchten in Shrempston – knapp einen Kilometer entfernt – eine schuleigene Farm bewirtschaften, auf der Fachkräfte jeden Winter Kurse von zweieinhalb Monaten abhalten für Schulabgänger, die Landwirte werden wollen. Sie würden in einem Haus für sich wohnen, mit unseren Internatsschülern essen und an deren täglichem Trainingsprogramm teilnehmen. Neben ihren besonderen Kursen in unseren Labors und auf der Farm könnten sie auch Unterrichtsstunden und Vorträge allgemeinbildender Art besuchen. Natürlich wären auch für sie die Gottesdienste offen.

4. Wir haben schon ein kleines Heim für Seepfadfinder in Hopeman. Wir möchten es zu einer Seemannsschule ausbauen, mit dem Segelzentrum in Findhorn. Sie würde Tages- und Internatsschüler für sechswöchige Kurse aufnehmen. Die Zentren in Hopeman und Findhorn wären von Mai bis Oktober geöffnet. Wie die deutschen Segelschulen sollten wir als Übungsboote eigene Schoner und Barken besitzen, die für 30 bis 40 Jungen ausreichen. Im zweiten Jahr würde man auf eine Expedition gehen, die zumeist in fremde Länder führt. Als Bootsjungen dienten sorgfältig ausgewählte Seepfadfinder von Gordonstoun, und Leiter der Expeditionen wären Kenner und Liebhaber dieser Länder.

5. Wir haben bereits die Anfänge einer Reitschule. Auch sie möchten wir ausbauen und Tages- und Internatsschülern für sechswöchige Kurse zur Verfügung stellen. Die hier wohnenden Reitschüler würden an vielen Aktivitäten von Gordonstoun teilnehmen, insbesondere jedoch am Training für das Moray Badge.

6. Die Michael Kirk faßt nur 40 Personen. Wir hoffen auf die Erlaubnis, ein Dach auf die St. Peter's Church im Duffus Gelände setzen zu dürfen, um gemeinsam und öffentlich Gottesdienst halten zu können. Das Gebäude steht unter Denkmalschutz. Wir möchten die Arbeit – unter Leitung eines behördlich ermächtigten Architekten – weitgehend mit unseren Jungen durchführen. Fachleute, die als Vorarbeiter geeignet sind, haben wir bereits an der Schule.

Diese Pläne sind ehrgeizig. Sie mögen sich wie vage Träume anhören, aber unsere bescheidenen Anfänge können bereits zeigen, daß sie erfüllbar sind. Das Internat wird immer den Kern bilden. Von seiner Gesundheit hängt beides ab: unser Recht auf Wachstum und unsere Kraft, es zu vollbringen. Der Kern ist noch nicht gesund. Um ihn zu heilen, müssen wir eine bessere Mischung von ärmeren Jungen mit unseren Internatsschülern erreichen.

Der Beginn von Outward Bound

Gordonstoun in Wales liegt gut 50 Kilometer vom Meer entfernt. Unsere beiden Kutter brachten wir mit der Bahn von Schottland nach Aberdovey, wo unsere Küstenwachtleute sonntags oft hinfuhren, um in der Dovey Mündung zu rudern und zu segeln. Das verstärkte die Sehnsucht nach der Seemannschaft, wie sie die Jungen im Moray Firth während der Schulzeit und bei Hochsee-Expeditionen in den Ferien erlebt hatten. Der Nautik-Helfer, Stephen Philip, ließ mir keine Ruhe, und am Ende überredete er mich, bei der Admiralität um die Erlaubnis zu bitten, die Prince Louis heruntersegeln zu dürfen. Die Admiralität genehmigte das und verpflichtete sich sogar, das Unternehmen zu leiten. Die Reederei Holt stellte uns einen segelerfahrenen Skipper, zwei Bootsmänner und einen Ingenieur zur Verfügung – das waren die erwachsenen Mitglieder der Mannschaft, den Rest bildeten zehn Jungen von Gordonstoun.

In der zweiten Julihälfte 1941 startete die Expedition von Hopeman im Norden Schottlands. Wir verbrachten zwei Wochen in Ungewißheit, und die Prince Louis hatte viele Wechselfälle zu bestehen: Maschinenschaden in Oban; Einkreisung von einem Konvoi an der irischen Küste; ums Haar wurden sie gerammt; für vier Tage waren sie überfällig. Nach drei Wochen erreichten sie schließlich Bangor und unterbrachen die Fahrt, um das Ausbildungsschiff HMS Conway in den Menai Streets zu besichtigen. Lawrence Holt und ich fuhren hin, sie zu begrüßen. Ich werde nie meine Angst und Erleichterung vergessen, auch nicht den Stolz des Vollbrachten auf den müden Gesichtern unserer Jungen – sie hatten sich bestens bewährt. Lawrence Holt wandte sich an den Kapitän der Conway und an mich: „Sie beide müssen all Ihre Erfahrung und Ihre Vernunft zusammentun, dann können wir gemeinsam eine Nautische Schule in Aberdovey aufbauen." Diese Vision wurde Wirklichkeit, als im Oktober 1941 die Outward Bound Sea School eröffnet wurde.

10 Ein Fitness-Abzeichen
Entwurf für den Duke of Edinburgh Award

Kurt Hahn bemühte sich um eine ganzheitliche Erziehung für möglichst viele Jugendliche. Mit dem Moray Badge begann 1936 eine Entwicklung, die im Herzog von Edinburgh Leistungsabzeichen von 1956 ihren internationalen Abschluß fand. Dieses Abzeichen verlangt heute neben dem körperlichen Training und der Expedition auch noch die Durchführung eines intellektuell anregenden Projekts und einer sozialen Hilfeleistung. Der Leserbrief erschien 1938.

Erlauben Sie einem Ausländer, der seit zwanzig Jahren im Dienst der „Fitness-Bewegung" steht, Ihren Lesern folgende Beobachtungen mitzuteilen:

1. „Den Speer werfen und die Götter ehren", sagten die Athener. „Reiten und die Wahrheit sagen", meinten die Perser. Auf dem Meere segeln und ..., auf den Flüssen kanufahren und ..., skilaufen und ..., wandern und ..., entdecken und ..., klettern und ... Die Anhänger dieser verschiedenen Aktivitäten hätten keine Schwierigkeit, einprägsame Worte für die Lücken zu finden, wie „segeln und bereit sein".

2. Das Deutsche Sportabzeichen, nach dem Kriege entstanden, leistete einen großartigen Beitrag, die gequälte und geschwächte Nation wieder zu stärken. Doch die Anforderungen waren zu beschränkt und zu bescheiden – körperliche Tauglichkeit allein reichte dafür aus. Das Moray Badge, letztes Jahr in unserer Grafschaft eingeführt, ähnelt dem Deutschen Sportabzeichen, indem es gewisse Normen setzt beim Springen, Laufen, Werfen und Schwimmen, aber wir gehen in dreierlei Hinsicht über das deutsche Modell hinaus:

a) Es gibt für jede Disziplin zwei Leistungsniveaus. Das eine Niveau kann jeder normale Junge erreichen, der bereit ist, seine natürlichen Kräfte zu steigern; das andere nur derjenige, der zumindest durchschnittliche Leistungen in allen Bereichen zu erbringen vermag.

b) Wir verlangen, daß die Kandidaten sich auf einer Expedition bewähren, bei der sie wandern, klettern, Tiere beobachten, erkunden, segeln und reiten müssen.

c) Man hat gewisse Trainingsbedingungen einzuhalten, die Selbstdisziplin verlangen: Alkohol und Nikotin sind während der Übungsperiode verboten.

Die Expedition wird als sehr wichtig angesehen. Der reine Leichtathlet ist zumeist kein Freund von Wind und Wetter, ihm fehlt oft geistige Spannkraft und das Interesse an der Landschaft, in der er lebt. Wir hoffen, daß das Moray Badge von anderen Grafschaften übernommen und verbessert wird. Einheitlichkeit in allen Details ist weder notwendig noch wünschenswert. Der Expeditionstest muß sich den regionalen Gegebenheiten anpassen lassen.

3. Angenommen, wir würden das Abzeichen landesweit einführen, dann müßte man zu den bestehenden Spielplätzen, Aschenbahnen, Sommerschulen und Trainern noch eine weitere Möglichkeit schaffen. Gibt es Grund zur Hoffnung, daß die zufrieden untaugliche Jugend von heute sich zusammenfindet in bereitwilligem Dienst und die Gelegenheit ergreift, die man ihr bietet?

4. Die Führer der „Fitness-Kampagne" appellieren an einen Wunsch nach Leistungsfähigkeit, der – wie sie glauben – den Jugendlichen innewohnt. Hier bin ich anderer Meinung. Die Heranwachsenden haben im allgemeinen kein übermäßiges Interesse an ihrem körperlichen und geistigen Befinden. Wenn sie es hätten, würde ich es nicht als gutes Zeichen ansehen. Aber man wünscht sicherlich, daß die heranwachsenden Jungen und Mädchen einen gesunden Appetit auf sinnvolle Leistungen und Unternehmungen haben, deren Nebenprodukt Tauglichkeit ist. Haben sie nebenbei Fitness erlangt, können sie es als Besitz betrachten, der wert ist, trotz der monotonen Stetigkeit täglichen Trainings verteidigt zu werden. (...)

11 Über das Mitleid
Eine Predigt im Zweiten Weltkrieg

Kurt Hahn, seit 1938 britischer Staatsbürger und 1945 Mitglied der Anglikanischen Hochkirche, hielt während des Krieges mehrere Laienpredigten. Bekannt geworden ist die Predigt „Quinquagesima" von 1943. Als England den deutschen Angriffen weniger ausgesetzt war und den „Versuchungen des Siegers" zu erliegen drohte, sprach Kurt Hahn in der Kathedrale von Liverpool über den Bibeltext: „Schenke unseren Herzen das wahre Band des Friedens und der Tugend, die wunderbare Gabe des Erbarmens, ohne die alles Lebendige tot ist in Deinen Augen."

Mitleid scheint ein großes Hindernis im Kriege. Es gibt eine Richtung, die den Standpunkt vertritt, daß grausame und blutrünstige Menschen sich im Kriege am besten bewähren, und eine Zeitlang standen Übungen in Haß und Blutdurst auf dem Stundenplan der Ausbildungskurse. Die öffentliche Meinung schrie auf in Zorn und Ekel und bereitete dieser Einrichung ein rasches Ende. Aber wir alle haben den Eid der russischen Guerillakämpfer gehört: „Ich gelobe Rache zu üben ohne Gnade und ohne Erbarmen. Blut soll gerächt werden durch Blut und Tod durch Tod." Dieser Eid hat eine finstere Großartigkeit. Er ist aus Qualen geboren, wie wir sie nicht gekostet haben. Wir haben kein Recht, zu Gericht zu sitzen, aber trotzdem kann kein Christ sich diesen Racheschwur zu eigen machen.

Wie steht die Jugend im Jahre 1943? Ich sprach neulich vor jungen Menschen zwischen sechzehn und achtzehn Jahren aus allen Gesellschaftsschichten. Ich sagte ihnen, daß wir heute ein Moratorium der Bergpredigt hätten, und daß wir dieses Moratorium aufkündigen müssen, und zwar aufkündigen, bevor der Krieg endigt, wenn der Krieg anständig enden soll. Da stand ein Junge auf und sagte nachdenklich und entschieden: Angenommen, ich hätte Heimwehrdienst und hätte auf meiner Streife einen deutschen Flieger gefangen genommen, nicht lange, nachdem er bei Tageslicht mein Heimatdorf mit Maschinengewehrfeuer bestrichen hatte. Ich gebe zu, ich habe mich nach den Kriegsgesetzen zu richten, und ich würde versuchen, den Gefangenen sicher nach dem nächsten Polizeirevier zu bringen. Aber angenommen, daß diese Dorfbewohner plötzlich entdeckten, wen ich da geleite, und nun kommt ein aufgeregter Haufe, um meinen Gefangenen in Stücke zu reißen. Muß ich da meinen Hunnen schützen, im Notfall mit Waffengewalt? Ich antwortete ihm: Wenn du deinen Gefangenen nicht verteidigst, wirst du – so hoffe ich wenigstens – deinem eigenen Gewissen ungehorsam sein, sicher aber dem Premierminister, der das Volk dieses Landes aufgerufen hat, für unsere christliche Gesittung in den Kampf zu ziehen. Der Junge antwortete: Das ist alles ganz gut und schön im Frieden, aber im Krieg heißt die Parole: Auge um Auge, Zahn um Zahn.

Die Jugend von heute ist wie eine Herde ohne Hirten und tappt umher auf ihrem führerlosen Weg. Kann wirklich der Sieg nur dadurch errungen werden, daß die eine Hälfte unseres Volkes verroht, und die andere Hälfte taub an der Seele wird, oder zum mindesten die Gnade verleugnet, die wir im Herzen tragen? Das wäre ein furchtbarer Preis. Es ist nicht notwendig, daß wir ihn zahlen. Ein tapferer Kämpfer ist vor allem ein Mann, der die Kraft des Überwindens hat, die Kraft, die Furcht zu überwinden, und wenn nötig auch das Erbarmen. Aber er ist keineswegs ein furchtloser und erbarmungsloser Mensch. Einer der tapfersten unter den Generälen Napoleons pflegte seinen Körper so anzureden, wenn er in die Schlacht ging: „Aas, du zitterst, aber wie würdest du zittern, wenn du wüßtest, wohin ich dich führen werde." Garibaldi war ein gewaltiger, furchtgebietender Kämpfer. Als Guerillaführer ist er noch heute unerreicht. Und doch hat es nie einen sanfteren Krieger gegeben; ein edles Ziel hielt ihn in seinem Bann, und wenn es sein mußte, konnte er auch triumphieren über die Milde seines eigenen Wesens. Die Todesstrafe wurde sehr selten von ihm verhängt, und dann nur gegen seine eigenen Leute, die sich an hilflosen Gefangenen vergriffen hatten oder Zivilisten ausplünderten. George Trevelyan sagt von ihm: „Für uns aus anderen Ländern und besonders aber für uns Engländer wird Garibaldi leben als die Verkörperung zweier Leidenschaften, die nie auslöschen werden in der Geschichte der Menschheit: Die Liebe zum

Vaterland und die Liebe zur Freiheit, reingehalten durch das einzige auf der Welt, das beide Leidenschaften zähmen kann, ohne sie zu schwächen: die zärtliche Liebe für den Menschenbruder."

Ich behaupte: das britische Schwert ist um so schärfer, je reiner es ist. Die Majorität mag sich fortreißen lassen von den Leidenschaften der Stunde, Kriegsverrohung mag tief hineindringen in das Mark der Nation. Eine Minorität von Christen wird Widerstand leisten, und ihr Glaube wird es sein, aus dem uns Kraft und Erneuerung in der Stunde der Not zuströmen werden. Sie werden niemals im Dienst versagen, aber ob sie an die Reinheit unserer Sache glauben, das steht nicht in der Macht ihres Willens, sondern ihres Gewissens. Wenn Naziparolen sich heimtückisch in unsere Sprache einschleichen und wir frohlocken über das Leiden der Unschuldigen in Feindesland, dann fällt ein Mehltau auf den Glauben der Besten. Frauen und Männer aus allen Kreisen zählen zu diesen Besten. Ich erinnere daran, was im letzten Kriege Britanniens größter Bergsteiger an der italienischen Front zuwege gebracht hat. Einmal über das andere kroch er durch den Stacheldraht in das österreichische Feuer, um Cholerakranke zu retten, die die Italiener ihrem Schicksal überlassen hatten. Ich denke an den Kapitän der englischen Kriegsmarine, der neulich an seine Mutter schrieb: Wenn von nun an der Haß den Ton angeben soll, dann werde ich zum Pazifisten. Am nächsten Morgen las sie in der Zeitung, daß ihr Sohn die Tapferkeitsmedaille erhalten hatte. Erst gestern begegnete ich einem Offizier der Handelsmarine, sein Bein war in Stücke gerissen worden, als im südatlantischen Ozean ein deutscher Kreuzer sein Schiff durch Granatfeuer versenkte. Dann kam er unter Maschinengewehrfeuer auf ein Floß, das er, von Haifischen bedroht, schwimmend erreicht hatte. Da sah ich, sagte er, wie deutsche Matrosen sich vor Scham wanden. Ich fragte ihn: „Was meinen Sie damit, Sie sahen?" „Nein", erwiderte er, „ich meine nicht mit meinen wirklichen Augen." „Wie kam Ihnen diese Gewißheit?" fragte ich. „Die Bruderschaft der See", war seine Antwort.

Ich rufe mir eine Unterhaltung ins Gedächtnis zurück, die ein Eisenbahnarbeiter in der Grafschaft Aberdeen mit mir führte. Er war über sechzig, hatte drei Söhne im Feld, und ich begegnete ihm in einer verlassenen Dorfstraße. Er wandte sich an mich: „Wissen Sie, worum es in diesem Krieg geht?" Ich sagte, daß ich es nicht wüßte, aber ich würde es sehr gern von ihm hören. Und das war seine Antwort: „Wir bekämpfen die Cholera und die Pest, wir machen Fortschritte in der Überwindung der Tuberkulose, aber gegen eine der schlimmsten Krankheiten der Menschheit haben wir noch nichts ausgerichtet: Ich meine die Leidenschaft der Nationen, ihre Streitigkeiten mit Gewalt zu entscheiden." Ich sagte: „Wie wollen Sie dieser Krankheit beikommen?" Er antwortete: „Durch den christlichen Lebenszweck." Da wollte ich die Echtheit seines Christentums auf die Probe stellen und legte ihm diese Frage vor: „Nehmen Sie an, ein wehrloser deutscher Flieger käme hier herunter; er befindet sich in Ihrer Macht. Womöglich hat er gerade friedliche Fischer an der Küste von Aberdeen getötet, vielleicht sogar Ihre eigenen Verwandten. Was würden Sie mit ihm tun?" „Was ich mit ihm tun würde", sagte er, „nichts würde ich ihm tun, ich würde ihn internieren lassen und ihm lehren, was der Zweck des Lebens ist. Aber eines würde ich doch vorher tun. Ich würde ihm diese Rinder dort zeigen und ihm sagen: Du hast so viel Verantwortung für die Regierung deines Landes wie diese Rinder hier, und er würde sich schämen, daß er ein bloßes Werkzeug ist."

Die Christen in diesem Land sehnen sich nach einem Weckruf, der sie sammelt. Eine Minorität – aber eine Minorität, die ein möglicher Träger der Macht ist, steht heute bereit, einer christlichen Staatsführung Gefolgschaft zu leisten. Solche Führung kann nicht zustandekommen, solange wir das Trugbild einer im Glauben geeinten Nation aufrecht erhalten wollen. Wir sind nur geeint in dem Willen zum Sieg, zu einem Sieg, der vollständig und überwältigend ist. Gott sei Dank sind wir keine einfarbige Nation wie das Deutschland, das Hitler der Welt präsentieren möchte. Wir sind tief gespalten in den Schicksalsfragen des Krieges und des kommenden Friedens. Eine christliche Staatsführung kann nicht ihre Ziele verkünden, ohne den Antichristen in unserer Mitte herauszufordern. Auf diese Herausforderung warten Englands Christen und wartet die gesamte europäische Christenheit. Ich schließe die Christen Deutschlands und die Christen Rußlands ein. Wir alle wollen, daß die Staatsmänner Englands immer wieder in ihren

Reden mit den Nazis schonungslos abrechnen. Wir wollen von ihren Verbrechen in allen authentischen und grausigen Einzelheiten erfahren – eine träge und widerstrebende Phantasie möchte sie uns gerne ersparen, um einen Seelenfrieden nicht zu stören, auf den wir keinen Anspruch haben. Nicht oft genug können wir hören: Kein Friede mit den Mördern, kein Friede mit den Begünstigern, die wissen, was recht ist und dennoch niemals ihr Leben einsetzen, um Geiseln vor dem Erschießen, Häftlinge vor der Folter und Juden vor der Vernichtung zu bewahren. Wir wollen hören, daß die bewaffneten Streitkräfte Deutschlands mit ihrer Unterwürfigkeit gebrandmarkt werden. Wir wollen die Stimme des großen Erbarmens hören, nicht nur mit den Opfern der Nazis außerhalb Deutschlands, sondern auch mit Millionen von Deutschen, die heute in Deutschland unter Hitler leiden und sich gegen ihn wehren. Wir wollen Klarheit darüber, ob je unsere Streitkräfte einem besseren Deutschland begegnet sind, das gerettet zu werden verdient. Und wir warten ungeduldig darauf, daß unsere Staatsmänner von heute das siegreiche England von morgen binden werden, strenge und unterscheidende Gerechtigkeit zu üben, vor der ein gereinigtes und befreites Deutschland nichts zu fürchten hat.

Jetzt ist die Gelegenheit da, um eine solche Herausforderung in die Welt zu schleudern. Deutschland liegt im Griff einer neuen Massenaushebung. Wieder einmal ruft Hitler das deutsche Volk auf, seine Reihen zu schließen gegen unversöhnliche Feinde, die nur das eine Ziel haben, Deutschland als Nation auszulöschen. Millionen klammern sich noch an Hitler als die einzige Hoffnung, aber Millionen sehen auch in grimmiger Verzweiflung nach Osten, seit Stalin versprochen hat, ein Deutschland zu schonen, das sich vom Nazijoch befreit hat. Das christliche Deutschland aber wartet und wartet vergeblich, daß im Westen das Licht sich entzündet.

Die Spannung wird wachsen, und es kann der Augenblick kommen, da sorgsam gewählte Worte eine Revolution entfesseln. Wir wollen uns allerdings nicht täuschen: nichts kann England die Notwendigkeit ersparen, auf dem Kontinent zu landen und viele kostbare Menschenleben zu opfern, um Europa zu befreien. Solange Deutschland nicht geschlagen ist, sind Revolutionen gegen Hitler zum Fehlschlag verurteilt; aber selbst wenn sie schonungslos unterdrückt werden, können sie sehr wohl das Kriegsende beschleunigen.

Solch eine Herausforderung aus dem Munde eines christlichen Staatsmannes muß unvermeidlich eine Krise in England heraufführen. Sie würde den schwächlichen und verlogenen Burgfrieden, der heute noch in England zwischen unversöhnlichen Lebensrichtungen aufrechterhalten wird, in Fetzen zerreißen. Um so schärfer würde die Geschlossenheit der gesamten Nation beleuchtet, die einig ist im Willen zum Sieg. Wird das christliche England sich durchsetzen? Um diese Frage zu beantworten reicht es nicht aus, daß wir die Rechtgesinnten zählen. Wir müssen uns darüber klar sein, daß viele der Weisesten und Edelsten sich höflich zurückziehen vor Vorurteilen, die sie verachten.

Die Entscheidung wird in den Händen eines Mannes ruhen. Es ist nicht nur Englands, sondern Europas Schicksalsfrage, ob der große Krieger Winston Churchill wieder zu dem hellsehenden Staatsmann wird, der er einmal war. Ich denke daran, wie Winston Churchill im November 1918, in der Stunde des Sieges, die Regierungen Frankreichs und Englands bestürmt und beschworen hat, sie möchten sofort Nahrungsmittel dem hungernden Feindesland zuführen. Ich rufe mir ins Gedächtnis zurück, wie er im Jahre 1927 den einen Weg gewiesen hat, der Hitlers Aufstieg hätte unmöglich machen können: den Weg der Versöhnung Frankreichs und Deutschlands unter Englands Geleit. Ich setze die Schlußworte aus der „Weltkrisis" her: „Ist es das Ende, oder ist es nur ein Kapitel in einer grausigen und sinnlosen Geschichte? Wird eine neue Generation wiederum geopfert werden, um die schwarze Rechnung zwischen Germanen und Galliern zu begleichen? Werden unsere Kinder wiederum bluten und röcheln in verwüsteten Ländern? Oder wird aus dem Feuer des großen Zusammenpralls der drei gewaltigen Kämpen die Versöhnung herausspringen, die den Genius jeder der drei Nationen vereint in gemeinsamer Arbeit für die Erneuerung der Größe Europas?"

Wie die Krisis in England ausgehen wird, kann niemand voraussagen. Ich fürchte die Macht der Rachsucht, die sich täglich aus den Missetaten der Nazis und aus dem erstickten Schrei nach Vergeltung neue Nahrung holt. Ich ziehe Hoffnung und Trost aus der Jugend Englands, sie kann für das Christentum gewonnen werden. Ich denke an die Betätigung im Dienste Christi. Der Krieg hat eine Offenbarung gebracht. Die Aufgabe, Menschenleben zu retten, hält die Jugend nicht minder im Bann als die Schlachten, die England schlägt.

Man beobachte nur die jugendlichen Dienstgruppen, wie sie sich als Meldereiter der Feuerwehr, als Rote-Kreuz-Kadetten, als Küstenwache im Ernstfall bewähren, oder wie sorgsam und geduldig sie sich in den komplizierten technischen Verrichtungen üben. Die Übungen sind in der Tat sehr verschieden voneinander, aber der Samaritergeist belebt sie alle, und eine jede Fertigkeit verlangt ruhig Blut, Geschicklichkeit und Hingabe.

Solcher Dienst darf nicht mehr aus dem Leben unserer Jugend schwinden, er sollte in dem Plan der christlichen Erziehung einen wichtigen Raum einnehmen. Durch Gottesdienst und Christenlehre kann dem werdenden Menschen die Wahrheit offenbart werden, aber sie wird nur Wurzel schlagen, wenn die Kraft des Erbarmens erhalten bleibt.

Wir werden alle versucht durch die Trägheit der Gewohnheit, durch die Bitternis des Versagens und der Enttäuschung oder durch die Verhärtung, die der Erfolg mit sich bringt, durch die Überheblichkeit des Wissens, durch den Dünkel des Amtes oder den Stolz des Geldes. Wir werden ohne Unterlaß angefochten und mißachten die Rechte unserer Mitmenschen zugunsten des eigenen Vorteils. Ja, mehr als das, wir werden nicht nur in Versuchung geführt, die Gesetze Christi zu brechen, sondern uns einzubilden, daß wir sie nicht brechen, indem wir Tatbestände vor uns selber fälschen oder ihnen ausweichen, indem wir bequeme Mutmaßungen aufstellen, wo die Gewißheit zum Greifen nahe ist, oder auch neue Grundsätze uns zu eigen machen, die sorgfältig den Bedürfnissen der Versuchung angepaßt sind, die uns gerade heimsucht, Grundsätze, die unsere Sünden zu rechtfertigen, ja nicht selten zu pflichtfertigen scheinen.

So muß sich unser Gewissen immer wehren gegen Versuchungen, die schier unwiderstehlich sind, und gegen eine Selbsttäuschung, die in ihrem Dienste arbeitet: im Dienste der Gier, des Prestiges, der Bosheit, der Bequemlichkeit. Über diese Versuchungen kann das Gewissen in jedem Konflikt triumphieren, wenn es eine Gegenkraft zu Hilfe ruft: einen Verbündeten, der stark genug ist, den Anfechtungen Triebkraft zu entziehen, und zwar so viel, daß sie überwindlich werden. Das Erbarmen ist solch ein Verbündeter – der mächtigste, über den das Gewissen verfügen kann. Das Erbarmen, das stets in wachsamer Bereitschaft ist, das innere Leben eines echten Christen zu beherrschen. „Wer die Menschen nicht liebt, der kennt Gott nicht." Wir können hinzufügen: Der kann den Willen Gottes nicht erkennen. Das Gewissen wird stets aufs neue von den Leidenschaften in Hörigkeit gehalten. Nur das Erbarmen kann es befreien.

Ich möchte ein Beispiel solcher Befreiung anführen: wir hatten in der Schule einen tüchtigen siebzehnjährigen Jungen, der zum „Wächter" aufgestiegen war; er entstammte einer ungläubigen Familie, die es aber ernst mit ihren Idealen nahm, allerdings heftete sich der Idealismus hauptsächlich an „Abrüstung" und „Geburtenkontrolle". Unsere Jungen waren an der Arbeit, eine Hütte für eine heimatlose Vagabundenfamilie zu bauen, deren drei Kinder Winter und Sommer in einem Zelt zu leben gewohnt waren. Kurz vor der Vollendung des Baues kam der Wächter zu mir: „Das Bauen macht mir Spaß, aber warum suchen wir uns gerade diese Menschen aus, um ihnen zu helfen? Ich kenne die Slums von London, in allen übervölkerten Städten leben die Armen unter fürchterlichen Verhältnissen. Was bedeutet die Erleichterung, die wir hier bringen gegenüber dem gewaltigen Ausmaß des Wohnungsproblems? Das ist ja nur ein Tropfen Linderung im Meer des Elends."

Ich fühlte mich hilflos gegenüber diesen kühlen Vernunftgründen. Einige Tage später fügte es sich, daß die älteste Tochter des Vagabunden gefährlich erkrankte und ins Krankenhaus gebracht werden mußte. Das Kind blieb dort einige Wochen und wurde dann gesund nach Hause entlassen. Der Wächter war Zeuge des Heimkommens; er erlebte, wie die Eltern selig waren und das Kind sich geborgen fühlte. Er kam zu mir und sagte: „Jetzt weiß ich, worum es geht." Er hatte das große Erbarmen gespürt.

Ich behaupte, daß heutzutage das Mitleid seine Kraft bewahren kann, wenn die Samaritertugenden geübt werden. Grausamkeit ist selten in England, Herzenskälte dagegen findet sich überall. Die Jugend war vor dem Kriege in Gefahr, die Fähigkeit der echten Liebe einzubüßen. Die kleinen Kinder waren in ihrer Menschlichkeit noch ungebrochen, aber während der Entwicklungsjahre drohten die tiefen Gefühle in flüchtigen und erregenden Erlebnissen zu versickern. Freude und Schmerz wurden nur oberflächlich gekostet. Die raschen Radioohren und die flinken Kinoaugen horchten und sahen überall hin, stets des Szenenwechsels begierig. Selbst die Zärtlichkeit des Familienlebens litt, die Sorge um einen erkrankten Verwandten, ja sogar die Trauer über einen Todesfall daheim konnten von der verwirrenden Ruhelosigkeit des Alltags verschlungen werden.

Wir brauchen eine umwälzende Reform des Erziehungswesens, sie muß weit hinausreichen über den Bezirk des Unterrichts. Es gilt die lernende und arbeitende Jugend aus dem Bann ungesunder Lebensgewohnheiten zu erlösen. Wie lange werden wir noch unsere Kinder auf Gnade und Ungnade einer kranken Zivilisation ausliefern? Wir müssen ihnen die Heilquellen der Menschenkraft neu erschließen.

12 Kurzschulen
Bericht über Outward Bound

Outward Bound ist ein Begriff aus der englischen Seefahrt und meint: ein Schiff kann – zu großer Fahrt gerüstet – auslaufen. Nach dem Zweiten Weltkrieg wollte Kurt Hahn auch deutschen Jugendlichen ermöglichen, sich in sogenannten Kurzschulen erfahrungspraktisch auf ihre „Fahrt ins Leben" vorzubereiten. 1952 schrieb er zur Verbreitung der Outward-Bound-Idee diesen Zeitungsaufsatz.

(...) Für die Landerziehungsheime habe ich neulich in einem Vortrag in Heidelberg den Anspruch erhoben, daß sie ihre Jungen und Mädchen in staatsbürgerlicher Verantwortung üben, insbesondere ihnen das Geheimnis vermitteln, wie man argumentiert, ohne sich zu zanken, wie man sich zankt, ohne sich zu verdächtigen, wie man sich verdächtigt, ohne sich zu verleumden. Ich habe allerdings hinzugefügt, daß die Landerziehungsheime zwar außerordentlich für den Einzelnen, aber nicht genug für das Volk geleistet haben. „Es ist, als ob aus verheißungsvollen Quellen sich starke Ströme in Bewegung setzen, die irgendwie versickern, ehe sie in das Land der Nation münden." Das gilt für Deutschland und in gewisser Hinsicht auch für England.

Den Weg zu weisen, wie diese Versickerung zu verhindern ist, das war das Ziel der ersten Kurzschulgründung im Jahre 1941, der Outward Bound Sea School in Aberdovey (Wales). Gordonstoun, die Salemer Schule, die ich in Schottland leite, rief diese erste Demonstration ins Leben. Wir waren während des Krieges nach Wales verschlagen. In Aberdovey werden 10 Monatskurse im Jahr gehalten. Jeder Kurs versammelt bis zu 100 Jungen zwischen 15 und 19 Jahren aus der Handelsmarine, aus höheren Schulen, die meisten aus der Industrie; trainiert sie in Ausdauer, Schnellkraft und Behendigkeit, schult sie für Expeditionen, in deren sorgsamer Vorbereitung und zäher Durchführung, übt sie im Seehandwerk, getreu einer Tradition, die Wagemut mit Vorsicht vereint. Zwei Betätigungen werden nicht besonders angekündigt, aber geben den Kursen die eigentliche Bedeutung: Die verantwortliche Beteiligung der Jungen an der Ordnung des Gemeinschaftslebens und die Übung im Rettungsdienst (in Feuer-, Berg- und Seenot). Eine tägliche kurze Andacht begleitet ganz selbstverständlich ein Tagewerk, das auf die Bereitschaft gestimmt ist, sich männlich zu bewähren in der Not des Nächsten. Am Abend finden Diskussionen und Vorträge statt – meist die Ereignisse und Einrichtungen der Gegenwart beleuchtend –, in manchen Jungen regt sich die sorgende Anteilnahme am Schicksal der Christenheit. Zehn Jahre sind seit der ersten Gründung vergangen. Wir können heute von einer siegreichen Outward Bound Bewegung sprechen. 7000 Jungen sind durch Aberdovey gegangen, 300 Firmen entsenden regelmäßig Lehrlinge dorthin, und zwar auf Betriebskosten. Tochter- und Schwesterschulen sind entstanden. (…)

Die Jugend in England ist verwirrt und ratlos – sie fühlt sich betrogen durch einen Frieden, der die Verheißungen des Krieges nicht erfüllt hat. Überall in Westeuropa haben wir mit einer verwundeten Jugend zu rechnen. Wir müssen mehr als erziehen: wir müssen heilen. Ich empfehle die Erlebnistherapie – d. h. die Vermittlung von reinigenden Erfahrungen, die den ganzen Menschen fordern und der Jugend den Trost und die Befriedigung geben: Wir werden gebraucht.

Ich sehe in dem Rettungsdienst, in der betätigten „Ehrfurcht vor dem Leben" nicht nur die Übung des Christentums, wo es bereits lebendig ist, sondern ich sehe in diesem Dienst auch eine Quelle der Erweckung. Wer an dieser Quelle getrunken hat, der ist gefeit gegen die Lockungen des totalitären Staates, der wird in tiefster Seele aufgerührt, ja der brennt in heiligem Zorn, wo immer er der Verachtung für die Würde und Existenz des Einzelnen begegnet. Denn er fühlt: Wer den Menschen verachtet, der lästert Gott. Die Kurzschulbewegung ist ein Instrument der Tiefenwirkung und der Massenwirkung zugleich.

Nehmen wir an, es gäbe 100 Kurzschulen in Deutschland, eine jede verantwortlich für die Betreuung von 100 Schülern, zehnmal im Jahr: das wären hunderttausend im Jahr – und in zehn Jahren wären eine Million durch diese heilenden Erlebnisse hindurchgegangen. In einer Demokratie kann man keine Entwicklung erzwingen, es sei denn durch das überzeugende Beispiel. …

Doch stehen wir erst am Anfang einer Entwicklung – noch bleiben entscheidend wichtige Probleme ungelöst, vor allem haben wir noch nicht die nötigen Einrichtungen geschaffen, die geeignet sind, die durch die Kurzschule vermittelten reinigenden Erlebnisse für das gewöhnliche Leben fruchtbar zu machen. Wie kann die Leidenschaft des Rettens, entfacht durch dramatische Ereignisse, sich auch in der Mühsal des Alltags bewähren? Man muß die jungen Leute mit der inneren Verpflichtung heimsenden, sich an einem Notdienst in ihrem Lande zu beteiligen, und man müßte ihnen zu raten vermögen, wohin sie sich mit ihrer Hilfsbereitschaft wenden können.

Wir sehen die Lösung in der Gründung von jugendlichen Dienstverbänden, die an das Rote Kreuz, an die freiwillige Feuerwehr, an die Küstenwache, den Bergwerksrettungsdienst oder die Polizei angeschlossen sind. Jeder normale Junge und jedes normale Mädchen hat nach Erreichung der Geschlechtsreife die Sehnsucht nach ernster Bewährung. Man kann in vielen Fällen diese Sehnsucht zum Verwelken bringen durch einen Lehrplan, der das Nervensystem erschöpft und weder Kraft noch Zeit übrig läßt, Unternehmungen von Mark und Nachdruck willkommen zu heißen oder gar aufzusuchen.

Die deutsche Jugend hat nun eine Vitalität, die sich nicht so leicht auslöschen läßt: Die Sehnsucht kann wohl unterdrückt werden, aber sie wird unterirdisch weiterleben, in heimlicher Bereitschaft aufzulodern, ungestüm und ohne Maß, zum Einsatz bereit im Dienste eines fordernden Verführers. Das gilt nicht nur für Deutschland. Tennyson hat zu Anfang des Krim-Krieges in seinem berühmten Gedicht „Maud" diesen unnötigen und leichtfertigen Krieg gefeiert als eine Erlösung von einem faulen Frieden, den er den Frieden der gebrochenen Flügel nennt. Mir ist es bei der Lektüre von „Maud" zuerst klar geworden, daß der flügellahme Friede selber den Frieden bedroht und den Ausbruch eines Krieges erleichtert. Denn die Jugend übt eine geheimnisvolle Macht aus in jeder internationalen Krise; wenn sie den Krieg willkommen heißt als Erlöser von einem Frieden, der ihr die Gelegenheit zu männlicher Bewährung versagt, dann verstärkt sie den finsteren Druck, den erregte Volksleidenschaften auf die Urteilskraft der leitenden

Staatsmänner ausüben. William James hat recht, wenn er der Erziehung das Ziel setzt, im Leben der Jugend ein moralisches Äquivalent des Krieges zu schaffen. Nur irrt er, wenn er sagt, daß der Krieg die Menschenkraft in ihrer höchsten Dynamik zeigt. Ich stelle dem entgegen, daß die Leidenschaft des Rettens noch eine höhere Dynamik entbindet.

Trifft das auch für die deutsche Jugend zu? Ich kann die Skepsis verstehen, mit der man an die Beantwortung dieser Frage herantritt. Ich selbst war im Zweifel. War doch unter Hitler ein Fluch in die Seele der werdenden Menschen gepflanzt: die Ehrfurcht vor einem Heroismus, der das Erbarmen verachtete. Wie weit ist die deutsche Jugend von heute fähig, es den jungen Engländern und Amerikanern gleichzutun in der Kraft der Hingabe an den Menschenbruder in Not? (...)

13 Schulen der Nationalitäten
Der Plan für die United World Colleges

Mit seinem letzten großen Schulprojekt wollte Kurt Hahn noch mehr als sonst zur internationalen Verständigung beitragen. 1957 hielt er die hier abgedruckte programmatische Rede, 1962 konnte das erste Atlantic College eröffnet werden. Heute besuchen auch Jugendliche aus sozialistischen Staaten und der Dritten Welt die zweijährigen Oberstufenkollegs, die sich nunmehr United World Colleges nennen:

Ich möchte einen Plan zur Diskussion stellen, der im Jahre 1955 in Paris geboren wurde und der auf die Erfahrungen des Air Marshall Sir Lawrence Darvall zurückgeht. Er war damals Kommandant des Nato Defence College.

Zwei Jahre lang hatte es Sir Lawrance erlebt, wie die Stabsoffiziere und Diplomaten aus verschiedenen Ländern mannigfache Vorurteile mitgebracht hatten und dann durch die tägliche Hingabe an eine gemeinsame Sache lernten, zunächst dem Standpunkt des Ausländers zuzuhören, dann ihm Verständnis und schließlich sogar Sympathie entgegenzubringen, bis sich eines Tages eine Gemeinschaft zusammengefunden hatte. Nach 6 Monaten verließen viele dieser Männer Paris, man konnte beinahe sagen, mit dem Gefühl einer Sendung. Ihr Patriotismus war nicht geschwächt, wohl aber veredelt.

Darvall hatte ferner die Einsicht gewonnen, daß es nicht ausreicht, die Erhaltung des Friedens nur auf die gemeinsame Furcht zu gründen. Es gilt den Abscheu einzupflanzen vor der Vergewaltigung von Menschen und Völkern im Krieg wie im Frieden. Seine Erfahrungen veranlaßten Sir Lawrence, sich an eine Anzahl von Pädagogen folgendermaßen zu wenden: „Wenn Duldsamkeit und menschliches Verstehen noch neue Wurzeln schlagen können bei reifen Männern von ganz verschiedenen Nationalitäten dank gemeinsamer Erlebnisse, wieviel hoffnungsvoller wäre die Aufgabe, werdende Menschen aus aller Welt in ihren empfänglichsten Jahren durch die Kameradschaft eines fordernden Gemeinschaftslebens miteinander zu verbrüdern?"

So entstand der Plan zur Gründung von Atlantischen Schulen (...). Wir denken an sechs solcher Internate, in Deutschland, England, Frankreich, den USA, Kanada und Griechenland, wenn möglich in der Nähe vom Gebirge, vom Meer und von Seen. Die Jungen würden auf ein Abitur vorbereitet werden, das von allen freien Nationen anerkannt würde, und eines Tages auch von den Satelliten. Der Rettungsdienst soll eine entscheidende Rolle im Gemeinschaftsleben spielen. Etwa 3000 Jungen wären in den verschiedenen Internaten zu versammeln, sie wären sorgsam auszuwählen ohne Rücksicht auf soziale Herkunft und die finanzielle Lage ihrer Eltern. Die Jungen würden aus den fünf Natoländern kommen, aus neutralen Länder, später vielleicht aus Polen und anderen Satelitenländern, und eines Tages, so hoffen wir, auch aus Rußland. Jedes interessierte Land würde eine Gruppe senden, begleitet von einem Fachlehrer der jeweiligen nationalen Sprache und Geschichte.

Es sollen „nationale" Häuser eingerichtet werden, in jedem sollen Jungen aus allen beteiligten Ländern wohnen. Jedes Haus würde nach einer Nation benannt und mit geeigneten Möbeln, Bildern und einer Bibliothek ausgestattet werden – eine Art Zufluchtsort für Angehörige einer bestimmten Nation. Der Zweck dieser Einrichtung wäre, die Jungen nicht ihrer Heimat zu entfremden.

Eine Auslese von 3000, das ist keine große Zahl, so wird man einwenden. Die Antwort lautet: Es gibt nicht nur ansteckende Krankheiten, sondern auch ansteckende Gesundheiten. *Die Aristokratie ist das Salz, auf das die Demokratie nicht verzichten kann*, wie der Norweger Steffen sagt.

Die Jungen würden ein Training durchmachen, das geeignet ist, jene vitale Gesundheit aufzubauen, um die die totalitären Machthaber sich so eifrig bemühen, die aber innerhalb der herrschenden Erziehungsmethoden des Westens nachlässig behandelt wird. Der Stundenplan wird demzufolge Betätigungen einschließen, die Initiative und Tatkraft verlangen, die Zähigkeit des Durchhaltens, Umsicht und Voraussicht üben: Durch Expeditionen in die Berge oder Fahrten auf hoher See in Segelschiffen. Wir wollen diese Kräfte planmäßig entwickeln und zum Einsatz in der Not der Mitmenschen bringen. Das kann am besten geschehen durch eine sorgsame Ausbildung in den verschiedenen Zweigen des Rettungsdienstes mit dem Ziel, die Jungen fähig zu machen, sich im Ernstfall zu bewähren, als Mitglieder der Feuerwehr, der Küstenwache oder der Bergwacht. (...) Aber dieser Dienst muß zu einer ernsten Wirklichkeit werden. Das heißt, die jungen Menschen müssen erwarten dürfen, daß sie als Männer in Not und Gefahr eingesetzt werden. Jungen, die sich mühen und üben, die Langeweile, Strapazen und Gefahren auf sich nehmen – alles um in der Gefahr des Nächsten bereit zu sein – diese Jungen flammen auf in Zorn, wenn sie dem totalitären Irrglauben begegnen mit einer Verachtung für Menschenleben und Menschenwürde. Denn durch den Dienst am Nächsten wird ihnen immer wieder Gottes Wille offenbart.

Ein Glaube, der heilig gehalten werden soll, kann nicht erlernt werden, sondern muß erlebt werden. Der Glaube des Guten Samariters ist die einzige verläßliche Grundlage unserer gemeinsamen Sache. Die Atlantische Gemeinschaft wird niemals echte Loyalität in jungen Menschen erwecken können, wenn sie nicht glauben, daß sie dem Dienst an der Menschheit geweiht ist. Mir kommen Burkes Worte in den Sinn: „Sich einer Gruppe zugehörig zu fühlen, eine kleine Gemeinde zu lieben, das ist sozusagen der Keim eines hingebenden Gemeinsinns, aus dem sich die Liebe zum Vaterland und die Liebe zur Menschheit entwickelt."

Unsere Atlantischen Jungen werden sich der kleinen Gemeinschaft verbunden fühlen, in der sie zusammen gearbeitet, Wagnisse bestanden und im Dienst des Nächsten sich eingesetzt haben. Sie werden lernen, noch ein anderes Land neben dem eigenen Vaterland zu lieben. Das wird ein Schritt sein auf dem Weg zu einem Atlantischen Staatsbürgertum. Ich habe die Zuversicht, daß die aus den Atlantischen Internaten heimgekehrten Jungen sich bewähren werden, um ein Wort Churchills zu zitieren „als Sendboten und Vorkämpfer unserer Gesinnung, die kühner und entschlossener sind, als diejenigen, die den totalitären Staaten zur Verfügung stehen". Welche Resonanz werden die 3000 Heimkehrer finden? Ihr Beispiel wird nicht zünden, es sei denn, daß es daheim vorher gelungen ist, in den Lebensplan der Schüler und arbeitenden Jungen jene gesunden Betätigungen einzufügen, die in den Atlantischen Internaten den Ehrenplatz haben. (...)

14 Erziehung und die Krise der Demokratie
Sorgen und Hoffnungen eines politischen Pädagogen

In der Festrede anläßlich der Verleihung des Freiherrn vom Stein Preises 1962 in Hamburg entfaltete Kurt Hahn noch einmal sein Lebensthema: Gesellschaft und Staat können die sittliche Krise, in der sie stecken, nur überwinden, wenn es durch eine grundlegende Erziehungsreform gelingt, den Jugendlichen mehr Chancen der Selbstentdeckung und sozialen Verantwortung einzuräumen, als sie gemeinhin haben.

(...) Man kann den Ernst einer Erkrankung am besten erkennen, wenn man den Patienten in seiner Gesundheit erlebt hat, sonst ist man versucht, den kranken Zustand als normal oder zumindest unvermeidlich anzusehen. So will ich zunächst von den Erscheinungen einer gesunden Demokratie in England sprechen und doch auch drüben Symptome des Verfalls feststellen – allerdings auch auf heilende Kräfte hinweisen, die einer Erneuerung zustreben. Es ist zu hoffen, daß sich das Wort wieder bewahrheitet, England hat ein *gentleman's agreement* mit der Vorsehung, daß es fünf Minuten vor zwölf zur Besinnung kommt. Möge ein anderes Wort Lügen gestraft werden, jenes böse Wort, das da sagt, die Deutschen haben einen Gentleman's Vertrag mit dem Teufel, daß sie fünf Minuten nach zwölf aufwachen. Ich habe heute die Hoffnung, daß die Besinnung rechtzeitig eintritt, unter der einen Bedingung, daß die Erziehung aufhört, das Stiefkind der Staatskunst zu sein.

Mögen die verantwortlichen Männer in der ganzen freien Welt das Charakterschicksal der heranwachsenden Generation so ernst nehmen, wie die Diktatoren das getan haben und tun. Winston Churchill sieht in dem Verantwortungsgefühl des einzelnen Bürgers für die gemeinsame Sache die Grundlage einer gesunden Demokratie. Er sagt:

„Die Kritik im öffentlichen Leben ist wie der Schmerz im menschlichen Körper. Der ist nicht angenehm, aber wo wäre die Gesundheit und die Empfindsamkeit des Körpers ohne die Warnungssignale des Schmerzes? Skandale eitern hinter der pompösen Fassade der totalitären Staaten, weil es dort keine unabhängigen Stimmen gibt."

Churchill geht soweit, das zornige Knurren zu segnen, das aus der Tiefe eines Volkes aufsteigt, wenn immer die Regierung Unrecht tut. Im 19. Jahrhundert hat es niemals an unabhängigen Stimmen gefehlt; im 20. Jahrhundert auch nicht bis zum Zweiten Weltkrieg. Ich werde Ihnen die Schicksalsstunde nennen, in der die demokratische Kontrolle versagt hat. Das war, als die Atombombe auf Hiroshima fiel. Der Nobelpreisträger Franck, der an der Spitze einer von Roosevelt eingesetzten Kommission stand, hatte die Regierung gewarnt, ja, sie beschworen, die Bombe auf eine verlassene Insel abzuwerfen, sonst würde ein Grauen durch die Welt gehen und sogar die öffentliche Meinung in der Heimat spalten. „Das Land, das diese wahllos tötende Waffe zuerst anwendet", so sagte Franck, „dieses Land wird kein Vertrauen finden, wenn es nach dem Kriege sich für die Ächtung der Atomwaffen einsetzt." Als das Fürchterliche geschehen war, gab es wohl Proteste im Flüsterton, aber keine unabhängigen Stimmen, die die amerikanische und die englische Regierung zu fürchten hatten. Heute sehnt sich die Welt danach, daß der Fluch von Hiroshima von uns genommen wird, und ich glaube, daß Millionen mit Hoffnung auf Kennedy blicken, der eine Verteidigungspolitik einleiten will, die uns aus der Zwangslage befreit, als erste Atomwaffen einsetzen zu müssen. Ich nenne ein zweites verhängnisvolles Versagen. Im Jahre 1941 haben Roosevelt und Churchill das Atlantic Charter der Welt verkündet, das nachher von den Sowjets bekräftigt wurde; das Charter verspricht: keine Gebietsveränderung, ohne die in Freiheit vollzogene Zustimmung der betroffenen Bevölkerung. Attlee nannte dieses Atlantic Charter so bedeutsam wie die Magna Charta und die Unabhängigkeitserklärung der Amerikaner. Dieses feierliche Gelübde wurde gebrochen durch den Vertrag von Yalta und das Potsdamer Abkommen. Auch bei dieser Gelegenheit war kein furchtgebietendes Knurren zu hören.

Das Bild wird noch düsterer, wenn wir die Stimmen der Skepsis registrieren, die gerade aus dem Munde überzeugter Demokraten kommen. Ich denke an eine Bemerkung von George Trevelyan, dem großen Historiker, der über den Pariser Vertrag von 1815 sagt, neben mancher Fehlentscheidung enthielt dieser Vertrag eine Vortrefflichkeit: die Schonung Frankreichs als Großmacht. Und dann fügte er die erstaunlichen Worte hinzu, diese Vortrefflichkeit sei der Tatsache zu verdanken, daß Castlereagh und Wellington ihre Staatskunst betätigen konnten, unbeeinflußt von den Leidenschaften der Menge. Ein anderer Vorkämpfer für die Freiheit, der große Philologe Gilbert Murray, der Freund von Wilamowitz, schien ebenfalls in seinem Zutrauen zur Demokratie zu wanken, als er über den Versailler Vertrag sagte, daß er ein Unrecht enthielte, ein großes Unrecht, nämlich den Bruch des Vertrages der 14 Punkte, der das Selbstbestimmungsrecht auch dem Feinde zusicherte. Aber er fügte hinzu, die öffentliche Meinung hätte nicht geduldet, daß der Vertrag der 14 Punkte gehalten würde. Also: Trevelyan erklärt die Vortrefflichkeit des Vertrages von 1815 mit dem Nichtvorhandensein einer demokratischen Kontrolle, und Murray begründet das Unrecht von 1919 damit, daß eine demokratische Kontrolle am Werke war.

Ich mache mir diesen Pessimismus nicht zu eigen, sondern schöpfe Trost aus einer Bemerkung von Lord Cromer – sein Familienname ist Baring, und die Familie stammt ursprünglich aus Hamburg – Lord Cromer schrieb kurz vor seinem Tode: Wir brauchen nicht nur Massen-Exponenten, wir brauchen auch Massen-Bezwinger.

Ich halte an meinem Glauben fest, daß zwar die Stimme des Pöbels die Stimme des Teufels ist, aber daß die Stimme eines erleuchteten Volkes die Stimme Gottes ist. Wer soll das Volk erleuchten? Ein Wachturm, der von unabhängigen Männern und Frauen bemannt wird. Aristokratie ist das Salz, sagt der Norweger Steffens, auf das die Demokratie nicht verzichten kann. Er denkt dabei nicht an die Aristokratie der Geburt, auch nicht an die Aristokratie der sozialen Geltung, ja nicht einmal an die Aristokratie der Bildung.

Wenn ich mir Lord Cromers Forderung zu eigen mache, so habe ich nicht nur bedeutende Persönlichkeiten im Sinn und keineswegs solche, die, ausgestattet mit finsteren Kräften, erregte Massen in ihren Bann zwingen; ich denke gerade auch an Menschen von durchschnittlichen Gaben, die starke Überzeugungen haben und entschlossen sind, sie zu verteidigen. Mir kommt ein Wort des Prinzen Max von Baden in Erinnerung: Der Wert einer Überzeugung liegt nicht so sehr in der Klarheit, mit der sie verkündet wird, als in der Standhaftigkeit, mit der sie verteidigt wird.

Ich darf an einem Erlebnis aus der jüngsten Geschichte deutlich machen, was ich meine. Als Mussolini ermordet und dann seine Leiche geschändet wurde, brachte der englische Rundfunk einen Bericht, darin das Verbrechen, ich will nicht sagen, mit Sympathie, aber doch mit einer gewissen Nachsicht behandelt wurde. Ich war nur einer von vielen Erziehern, die beunruhigt waren. Ich ging zu einem älteren Staatsmann, der großes Ansehen in der ganzen Christenheit genoß. Ich erbat seinen Beistand angesichts der fortschreitenden Kriegsverrohung, gegen die die Jugend zu schützen immer schwerer würde. Könnte er nicht öffentlich die Untat geißeln und die irregeleitete Toleranz des Rundfunks. Der Staatsmann anwortete: Ich verabscheue die Ermordung Mussolinis. Aber dann kam etwas über ihn, was ich nur als realpolitisches Zwinkern bezeichnen kann, und er fügte hinzu: Aber es ist doch wohl ganz gut, daß Mussolini nicht mehr lebt. Ein öffentlicher Prozeß wäre sehr peinlich gewesen. Ich verließ den älteren Staatsmann bitter enttäuscht, aber kurz darauf wurde mir eine tröstende Erfahrung zuteil. Der Manchester Guardian berichtete über eine erstaunliche Begebenheit in Padua, das damals von englischen Truppen besetzt war. Sechs Faschisten stehen vor Gericht unter der Anklage des Mordes; ein alter Professor sagte aus, wie sein Sohn – ein hoffnungsvoller junger Gelehrter – ermordet wurde. Da überkommt die Wut die im Gerichtssaal dichtgedrängte Menge. Der eine der sechs Angeklagten wird sofort erschlagen, die fünf anderen werden ergriffen und durch die Stadt geschleift und an die Wand gestellt. Zehn bewaffnete Zivilisten legen die Gewehre an. Da ruft einer der fünf nach einem Priester, eine Verzögerung tritt ein, der herbeigeholte Priester tut seine Pflicht, die zehn Zivilisten legen wieder ihre Gewehre an. Da erscheinen zwei Polizisten der englischen Armee, denen mißfällt diese ganze unordentliche Szene auf das höchste.

Sie winken nach links, sie winken nach rechts, verhaften die fünf Mörder und dann die zehn Männer mit den Gewehren und noch ein paar Schreihälse, und dann eskortieren sie die ganze Gesellschaft geruhsam und gelassen in das Gefängnis.

Ich habe diese beiden Geschichten einmal in Gordonstoun einer Oberprima erzählt und die Frage gestellt, wer benahm sich wie ein Untertan und wer bewährte sich als Bürger, und da riefen sie alle zu meiner großen Freude, der ältere Staatsmann war ein Untertan, und die Polizisten waren Bürger. Und dann fragte ich weiter, wer gehörte zum Pöbel und wer gehörte zum Volk. Und da bekam ich auch eine sehr befriedigende Antwort.

Nun wird man sagen, dieser Triumph der Anständigkeit ist nur möglich in einem kleinen, übersichtlichen Bezirk, aber nicht in der großen Politik, wenn einmal Massen durch Krieg und Bürgerkriege in sinnlose Aufregung geraten sind; dann ist der Pöbel übermächtig. Ich lehne diesen Defaitismus ab. Ich möchte Ihnen an einem Beispiel glaubhaft machen, an einem unvergeßlichen Beispiel, daß Pöbelgesinnung selbst im Kriege, ja, sogar in einer Bürgerkriegssituation, überwindbar ist. Wir danken Max Weber das wunderbare Wort, in gewissen Schicksalsstunden haben anständige Menschen die Verpflichtung, Demagogie zu treiben. Ich habe selbst erlebt, wie er zu einem siegreichen Demagogen wurde. Es war im Dezember 1918. Große politische Versammlung im Rheingold in Berlin. Noch beherrschen Spartakisten das Straßenbild. Sie waren stark vertreten in dem großen Saal des Rheingold – allerdings waren auch viele Studenten zugegen, die anderer Meinung waren. Max Weber sagte zu Anfang seiner Rede: Die Sozialisierung dürfe nur Halt machen vor dem Nationalinteresse, nicht aber vor dem Privatinteresse, und fuhr fort: „Da werden Sie mir zurufen, meine Damen und Herren, Sie sollten doch eigentlich Sozialist sein." Da rief ein Arbeiter oben vom Balkon herunter: „Det mußt Du auch. Du Aas!" Und darauf sagte Max Weber: „Lieber Freund, ich will Dir Antwort und Rede stehen, wenn ich Herrn Scheidemann oder sonst einen Eurer Führer in meinem Arbeitszimmer habe, und ich frage ihn: ‚Nun sagen Sie mir, glauben Sie an die Dogmen des Marxismus?', dann guckt er erst unter das Sofa und dann unter den Schreibtisch, ob da niemand zuhört, und dann sagte er in heiserem Flüsterton ‚Nein'. Und dann frage ich: ‚Warum verkünden Sie dann die Dogmen von jeder Straßenecke?' Und dann sagte er ganz kleinlaut: ‚Das muß ich.'" Und dann machte Max Weber eine abweichende Handbewegung und sagt auf gut Berlinisch: „In die Kirche jehe ick nich." Er kam dann auf die verzögerte Abdankung des Kaiser zu sprechen: „Nachdem sich der Kaiser an einen amerikanischen Professor gewandt und ihn um Waffenstillstand gebeten hatte, war der Thron der Hohenzollern für Wilhelm den Zweiten zu schmal geworden, er konnte allenfalls noch ein Kind tragen." Und dann fuhr er in großer Erregung fort: „Wer aber unseren Offizieren, die draußen ihre Pflicht getan haben, die Epauletten abreißt, der ist ein Hundsfott." Da nahm die Menge eine drohende Haltung an. Einen Augenblick fürchteten wir, Max Weber würde gelyncht werden. Er aber schob sein Kinn vor, das so gebaut war wie eine Schutz- und Trutzwaffe, und sagte: „Ich habe mein Leben lang nicht vor Kaisern und Königen gekrochen, und ich werde auch nicht vor dem Pöbel kriechen." Und die Masse wich zurück. Wir aber jubelten ihm zu.

Nun wird man mir sagen, ja, das war ein Mann, ausgestattet mit prophetischer Kraft. Wer kann dafür garantieren, wer kann auch nur in Aussicht stellen, daß zu gegebener Stunde immer ein Max Weber zur Verfügung stehen wird und nun gar noch in einer verantwortlichen Stellung. – Man muß daran denken, daß er sich seinerzeit vergeblich bemüht hatte, auf die Liste der Demokratischen Partei in Frankfurt zu kommen. – Ich sage, es gibt einen Ersatz für die geniale Führerpersönlichkeit; das ist das Zusammenwirken von alltäglichen Männern und Frauen, von entschlossenen und nachdenklichen Menschen, die sich in der Stunde der Not zusammenfinden, um Schande und Unheil von ihrem Lande abzuwehren. Trevelyan machte einmal die Bemerkung: In seiner langen Geschichte ist England immer wieder gerettet worden, nicht durch das Genie seiner Staatsmänner, sondern durch den *committee sense* des Volkes, durch die Fähigkeit zum bundesgenössischen Handeln. Immer wieder erleben wir auch noch heute, wie leidenschaftliche Parteikämpfe in England durch die Impulse des Gönnens entgiftet werden.

Ich schließe die Reihe meiner englischen Beispiele mit einer Begebenheit, die mir besonders den *committee sense* zu beleuchten scheint. Im Burenkrieg waren Konzentrationslager für Frauen und Kinder eingerichtet worden. Dort herrschten furchtbare Zustände, verschuldet nicht durch Grausamkeit, sondern durch Gleichgültigkeit und Schlamperei. Zeitweilig starb ein Fünftel der Insassen an Typhus und Flecktyphus. Gerüchte drangen nach England und in die Presse des Kontinents. Eine Quäkerin, Miß Emily Hobhouse, entschloß sich nachzuforschen. Sie gründete ein kleines, aber einflußreiches Komitee. Das Komitee unternahm auf eigene Kosten eine Erkundung an Ort und Stelle. Die Gerüchte beruhten auf Wahrheit. Da ging Emily Hobhouse zur Regierung und forderte Abhilfe. Die Regierung wollte ausweichen und sprach von Übertreibung. Daraufhin übergab das Komitee das ganze Material, das mit Präzision zusammengetragen war, der Öffentlichkeit. Die Hetzpresse tobte gegen dieses „unpatriotische Verhalten". Aber Campbell Bannerman, der Führer der Liberalen Opposition, griff die Sache auf und hielt die berühmt gewordene Rede im Unterhaus, in der die Worte vorkamen: „methods of barbarism". Da erschrak Joseph Chamberlain, der Kolonialsekretär. Das Kolonialministerium nahm die Lager in eigene Regie, und in überraschend kurzer Zeit wurde Abhilfe geschaffen. Tausende von Burenfrauen und -kinder verdanken ihr Leben der Initiative von Miß Emily Hobhouse.

Ich gebe Ihnen nun ein Beispiel anderer Art, aus Deutschland. Das Beispiel eines edlen Menschen, eines Führers des deutschen Geisteslebens, der als Staatsbürger versagte – ich verehre ihn so, daß ich seinen Namen nicht nennen will. Prinz Max von Baden hatte das Kriegsministerium, das in England als unsere „humanste Behörde" galt, dazu bewogen, einer aus Zivilisten zu bildenden unabhängigen Kommission jederzeit den unangemeldeten Besuch in den deutschen Gefangenenlagern zu gestatten. Angesehene Gelehrte, Industrielle, Schriftsteller sollten zu der Kommission gehören. Als Vorsitzender war ein Professor ausersehen, der in der gesamten Christenheit verehrt wurde. Der Zweck, den Max von Baden verfolgte, war ein doppelter: einmal zu verhindern, daß Härten oder gar Unmenschlichkeiten vorkamen, andererseits die Greuelmärchen im Keime zu ersticken, aus denen sich die feindliche Propaganda speiste. Man hatte den berühmten Gelehrten gar nicht vorher orientiert. Man hielt es für selbstverständlich, daß er sich nicht versagen würde. Aber der Abgesandte, der ihm die „frohe Botschaft" überbrachte, erhielt die Antwort: „Es widerstrebt mir als Zivilisten, mich um militärische Dinge zu kümmern.".

Ich will Sie durch diese Gegenüberstellung nicht irreführen. Auch in England ist heute der Bürgersinn nicht intakt, allerdings glaube ich, wohl in Heilung begriffen. Aber gegenwärtig weichen auch drüben viele weise und edle Menschen höflich vor Leidenschaften und Vorurteilen zurück, die sie im Grunde verachten. Wie ist nun die Unterentwicklung der staatsbürgerlichen Verantwortung in Deutschland und ihr Niedergang in England zu erklären? Ich gebe die Schuld den Verfallserscheinungen, die untrennbar mit der Gesittung von heute verbunden sind. Welches waren die Eigenschaften, die eine Emily Hobhouse und ihr Komitee befähigten, eine politische Machtwirkung auszuüben? Die seelische Voraussetzung aller Bürgertugenden ist die Hingabe, d. h. die Fähigkeit des Menschen, seine ganze Kraft einer Sache zu widmen, die über den Eigennutz hinausragt. Emily Hobhouse vergaß sich selber im Dienste ihrer Aufgabe. Sie hatte eine wunderbare Integrität. Ich möchte sie definieren als die Meisterschaft über die Selbstbeschwindelung. Und sie hatte den Mut ihres Gewissens auch einer drohenden öffentlichen Meinung gegenüber. Ich darf vielleicht in diesem Zusammenhang einige Forderungen aufzählen, die in dem früheren Salemer Reifezeugnis enthalten waren: Gemeinsinn, Gerechtigkeitsgefühl, Fähigkeit zur präzisen Tatbestandaufnahme, die Fähigkeit, das als Recht Erkannte durchzusetzen gegen Strapazen, gegen Gefahren, gegen innere Skepsis, gegen Langeweile, gegen den Hohn der Umwelt, gegen die Wallungen des Augenblicks.

Die Entwicklung dieser Eigenschaften wird im 20. Jahrhundert immer schwieriger. Wir müssen uns darüber klar sein, daß die heranwachsende Jugend von heute von einem verführerischen Verfall umgeben ist. Ich nenne den Verfall der körperlichen Tauglichkeit, den Verfall der Unternehmungslust, der Selbstzucht, des Gedächtnisses und der Phantasie, den Verfall der Sorgsamkeit und den schlimmsten Verfall, den Verfall des Erbarmens. Ich will Ihnen einige Beispiele nennen. Neulich kam zu einem berühmten deutschen Chirurgen ein amerikanischer Patient und klagte über Schmerzen im Knie. Der Arzt fragte: „Wann haben Sie zuerst die Schmerzen gespürt – als Sie spazierengingen?" Antwort: „Ich gehe nie spazieren." „Oder wenn Sie über hartes Pflaster gehen, um Ihre Einkäufe zu besorgen?" Antwort: „Oh, da nehme ich immer mein Auto." „Oder wenn Sie Treppen steigen?" Antwort: Da nehme ich immer den Lift." Ich sagte einmal zu einem englischen Jungen, als dieser eine schludrige Arbeit präsentierte: „Schämst du dich nicht?" – Darauf gab er mir zur Antwort: „Es gehört zum Genie der englischen Rasse, sich durchzuwursteln." Und in seinem innersten Herzen glaubte er, er trüge zum Genie der Rasse bei. Sie werden es nicht glauben, aber eine von mir außerordentlich verehrte Mutter hat ihren Sohn in ein Internat geschickt mit Pillen gegen Heimweh. Einer der bekannten Progressive Educators – man kann manche von ihnen auch Schmeichelpädagogen nennen – zog mich eines Tages zur Rechenschaft und fragte: „Macht es denn Ihren Jungen und Mädchen Freude zu rennen und zu springen und zu werfen?" Ich sagte: „Macht es Ihnen Freude, sich die Zähne zu putzen?" Und da antwortete er: „Nein, es macht mir keine Freude, und ich tue es auch nicht!"

Und nun möchte ich an einem Beispiel den Verfall des Erbarmens deutlich machen. Ich kam im August 1945 nach Berlin – meiner Vaterstadt. Ich war zu Gast bei einem Amerikaner, der in der Geschichte dieser Tage fortleben wird als ein guter Samariter – immer wieder hatte er sein Leben riskiert, um Menschen in der Ostzone zu helfen. Er sagte zu mir: „Ich wünsche, daß Sie mich zum Lehrter Bahnhof begleiten und sehen, was da passiert. Dort kommen die Flüchtlinge an." Ich hatte von den schrecklichen Szenen gehört, die sich dort abspielten und sagte: „Erlassen Sie mir das." Er antwortete: „Nein, das tue ich nicht. Ich erlaube keinem meiner Gäste, Berlin zu verlassen, ohne daß sie mit angesehen haben, was dort vor sich geht." Ein Sergeant fuhr unseren Wagen, ein freundlich aussehender junger Mann. Während wir durch Szenen des Verderbens und Sterbens fuhren, die mich mein ganzes Leben lang verfolgen werden, hörte er die ganze Zeit Jazz auf seinem Radio, bis mein guter Samariter es nicht länger aushielt, sich vorneigte, seine Schultern berührte und sagte: „For God's sake stop!" Was war mit dem jungen Mann geschehen? – er hatte eine verstreute Seele, die er nicht einmal mehr vor der Majestät des Todes versammeln konnte.

In der Generation, die unter dem Einfluß unserer zerfallenden Gesittung heranwächst, können wir vier gefährliche Typen unterscheiden. Die Gesetzlosen; die Teilnahmslosen; die zornigen jungen Menschen – ich möchte sie lieber zänkische junge Menschen nennen – und die ehrenhaften Skeptiker. Ich ziehe die Gesetzlosen den Teilnahmslosen vor, die vielfach nur aus Mangel an Unternehmungslust den Gesetzen gehorchen. Was sie daran hindert, unternehmungslustige Verbrecher zu werden, macht es ihnen auch unmöglich, sich als verantwortungsvolle Staatsbürger zu bewähren. Über die zänkischen jungen Menschen hat einmal ein Humorist gesagt: „Sie haben einen inneren Juckreiz und niemanden, der sie kratzt." Die achtbaren Skeptiker sind zwar sympathisch, aber ich halte sie für den gefährlichsten Typ. Sie sind in der ganzen freien Welt verbreitet und erkennen einander am Achselzucken, das vor einigen Jahren fast zu einem „westlichen Gruß" wurde. Das fängt an, besser zu werden. Überall in der freien Welt ist heute unter der Jugend eine Sehnsucht spürbar, sich an eine gemeinsame Sache zu verlieren. Das gilt nur für eine Minorität, aber dank der Ermutigung durch Kennedy gewinnt sie an Einfluß.

Ich will Ihnen von einem ehrenhaften Skeptiker erzählen und meinem nutzlosen Bemühen, ihn zur Zuversicht zu stimmen. Im März 1933 gab es in Salem einen 15jährigen Jungen, der sich über meine Verhaftung nicht beruhigen konnte. Er schrieb einen Brief an Hitler: „Sehr geehrter Herr Reichskanzler, wenn Sie so weitermachen, wird der Nationalsozialismus in dieser Schule keine großen Fortschritte machen." Und sein Vater hatte die Kühnheit, diesen Brief an Hitler zu schicken. Kein Wunder, daß er es nach kurzer Zeit für zweckmäßig hielt, den Jungen aus Salem zu entfernen. Er schickte ihn nach dem inzwischen gegründeten Gordonstoun. Da erlebte ich etwas außerordentlich Deprimierendes. Der Junge verabscheute die Nazis wie nur je, aber er war überzeugt davon, daß der Teufel unbesiegbar ist. Ich glaubte, ich könnte ihn aufrichten, und erzählte ihm von einer wunderbaren Begegnung, die ich mit Smuts, dem südafrikanischen Staatsmann hatte, bald nach meiner Ankunft in England. Smuts hatte die seltene Gabe zu ahnen, was in dem Menschen vorging, mit dem er sprach. Er antwortete nicht nur auf das, was man sagte, sondern auch auf das, was man sich nicht zu sagen traute. Auch ich war damals voll lähmender Zweifel. Bevor ich Deutschland verließ, hatten mir Freunde gesagt: „Du wirst Salem nie wiedersehen." Hatten wir Salemer recht, wenn wir die uns anvertraute Jugend lehrten: Die Nazis sind nicht nur Verräter an der Christenheit, sondern auch an Deutschland? War mein Glaube an die menschliche Natur auf Flugsand gebaut? Wie oft hatte ich zu einem jungen Menschen mit Pindar gesagt: „Werde, der du bist". Das hatte auch Prinz Max von Baden immer wieder dem deutschen Volke zugerufen. Smuts spürte meinen Kleinmut und sagte: „Ich will Sie trösten. Diese Nazipest wird vom Erdboden verschwinden. Was da heute vor sich geht, ist ganz undeutsch." Und dann sagte er fast mit den Worten des Prinzen Max: „Durch die ganze deutsche Geistesgeschichte leuchtet das Verantwortungsgefühl gegenüber der Menschheit." Das alles erzählte ich diesem Jungen, der inzwischen 17 Jahre alt geworden war. Da sah er mich traurig an und sagte: „Herr Hahn, ich will Ihnen Ihre Illusionen nicht zerstören."

Die Gesetzesbrecher, die Teilnahmslosen und die zänkischen jungen Männer und Frauen und auch die ehrenhaften Skeptiker, all diese Opfer unserer heutigen Gesittung – ich behaupte, man könnte die meisten von ihnen der Gesundung zuführen, solange sie noch im Werden sind.

Ich glaube mit Plato an die Macht der Erziehung. Die lockenden Versuchungen sind unvermeidlich. Wir können sie nicht ausschalten – weder die Methoden der mechanischen Fortbewegung noch die Beruhigungs- und Anregungsmittel, noch die unziemliche Hast und die verwirrende Rastlosigkeit der modernen Umwelt. Aber wir können der heranwachsenden Generation zu Gewohnheiten verhelfen, die sie widerstandsfähig machen und verhindern, daß sie zum hilflosen Opfer unserer kranken Gesittung wird. Schulen haben heute die Pflicht, ihre Verantwortung zu erweitern und zu vertiefen. Es ist an ihnen, zu heilen und zu schützen. Das gilt nicht nur für Internate, sondern auch für Tagesschulen. Es handelt sich darum, eine Umgebung zu schaffen, die heilsame Antriebe vermittelt, Antriebe, die früher unentrinnbare Elemente des täglichen Lebens waren und in der heutigen Umgebung beinahe erloschen sind. Antriebe zur gesunden Bewegung. Antriebe zu „Unternehmungen von Mark und Nachdruck". Antriebe zur Sorgsamkeit, Antriebe zurückzublicken und vorauszuschauen und auch vorauszuträumen. Antriebe zur Selbstzucht, Antriebe zur Selbsthilfe und zum Dienst am Nächsten.

Ich empfehle die Einführung einer vorbeugenden Kur, der Erlebnistherapie. Gegen den Verfall der körperlichen Tauglichkeit fordern wir die Einführung einer Trainingspause mindestens viermal die Woche. Wir können heute diese Forderung erheben, nicht nur als Erzieher, sondern auch im Namen der Ärzte. Es steht heute fest, daß die „Unterbewegung" nicht minder gefährlich ist als es vor dem Kriege die Unterernährung war. Eine erschreckende Anzahl von Frauen und Männern sterben an Herzinfarkt zwischen 40 und 60, und der Mangel an körperlicher Bewegung trägt eine wesentliche Schuld daran. Wie kann man von reifen Menschen erwarten, daß sie die körperliche Betätigung in ihren Tagesplan einfügen, wenn die kindliche Freude an der Bewegung bereits in der Pubertätszeit erloschen ist? In der Trainingspause sollen Körperbeherrschung, Schnellkraft und Sprungkraft geübt werden, und zwar mit der Hilfe von Leistungszielen, einmal von solchen, die im Bereich eines jeden Jungen oder Mädchen sind, und dann auch von anderen, die genügend hochgesteckt sind, um den gutbegabten Leichtathleten zu ermutigen, danach zu streben. Keinem Schüler soll erlaubt werden, nur die angeborene Stärke zu entwickeln; er muß auch dazu gebracht werden, der meist angeborenen Schwäche Herr zu werden. Es ist daher nötig, die verschiedenen Leistungsziele in einem Abzeichen miteinander zu verbinden. Die vorbeugende Kur verlangt von dem durchschnittlich begabten Leichtathleten die ihm erreichbare Höchstleistung, d. h. weit weniger an Leistung, aber ebensoviel an Anstrengung als im allgemeinen von dem hervorragenden Sportler gefordert wird. So ist es möglich, mit dem anstrengenden Training einleuchtende Trainingsbedingungen zu verbinden, wie z. B. ein Rauchverbot.

Hier befinde ich mich auf gefährlichem Boden. Eine Reihe von bekannten Internaten haben Rauchzimmer für Primaner eingeführt, und es gibt leider auch viele Eltern, die die Rauchlust ihrer Kinder begünstigen oder zumindest dulden. Hier sollte man den Verein gegen Kindermißhandlung zu Hilfe rufen. Man weiß heute, daß Kettenraucher prädisponierte Kandidaten für den Lungenkrebs sind und daß jugendliche Raucher dazu neigen, als Erwachsene Kettenraucher zu werden. Auch eine weitere Gefahr sollte klar erkannt werden: Wer in der Pubertät dem Nikotin anheimfällt, entwickelt in zahlreichen Fällen eine Anfälligkeit gegenüber anderen bedrohlichen Beruhigungsmitteln, die ihm im späteren Leben angeboten werden. Man fängt erst heute an, den ganzen Ernst der Schlafmittelseuche zu erkennen. Viele moderne Menschen verlieren ihren natürlichen Schlaf für immer – „den Balsam wunder Seelen", wie Shakespeare sagt.

Körperliche Tauglichkeit ist eine notwendige, aber keineswegs hinreichende Basis für die Expedition – das zweite, wichtige Element der Erlebnistherapie. Manche hervorragende Leichtathleten sind keine Freunde von Wind und Wetter. Ihr Leben gleicht zuweilen einer Rastkur, unterbrochen von Höchstleistungen. Die Expeditionen zu Wasser und zu Lande sollten Voraussicht in der Planung und Sorgsamkeit, Umsicht, Entschlußkraft und Zähigkeit in der Durchführung fordern. Der Dichter Joseph Conrad hat erleuchtende Worte über den Wert solcher Erfahrungen gefunden: Er schildert in seinem Roman „Lord Jim" das tragische Versagen seines edlen und wohlerzogenen jungen Helden. Er diente als Offizier auf einem Pilgerschiff. Als es zu sinken drohte, verließ er es heimlich des Nachts, in einem Anfall von Verblendung. Und Joseph Conrad erklärt das rätselhafte Verhalten folgendermaßen: Er war nie erprobt worden durch Erfahrungen, die seine Widerstandsfähigkeit und Nervenkraft auf die Probe stellten, ebenso wie die Echtheit seiner Pose vor anderen und vor sich selber. Expeditionen sind nicht immer populär. Ich fragte mal einen Jungen, der auf einer Segeltour nach den Orkneys drei Nordost-Stürme erlebt hatte, wie ihm die Unternehmung gefallen habe. Seine Antwort war: „Hervorragend – außer zur Zeit."

Das dritte Element ist das Projekt. Es kann ein künstlerisches oder dichterisches Projekt sein oder ein Unternehmen des Forschens oder die Konstruktion eines komplizierten wissenschaftlichen Apparates oder die Errichtung eines kleinen Bauwerkes – aber alle diese verschiedenartigen Vorhaben sollten das eine gemeinsam haben, daß sie einem klar definierten Ziel zustreben und Vertiefung und Ausdauer verlangen. Die Projekte sind nicht als Ersatz für Examina gedacht, wohl aber als Ergänzung. Examina prüfen die Willenskraft und die „surface intelligence" – die Oberflächen-Intelligenz: Projekte entdecken nicht selten verborgene Reserven des Verstandes.

Das vierte Element ist das wichtigste: Der Dienst am Nächsten. William James hat gegen Ende des vorigen Jahrhunderts die Herausforderung an Erzieher und Staatsmänner gerichtet: Entdeckt das moralische Äquivalent für den Krieg: Wenn Behagen und Gewinn, so sagt James, die beherrschenden Ziele im Frieden werden, dann bleibt ein elementares Verlangen unbefriedigt und liegt auf der Lauer: Die Sehnsucht, einer Sache zu dienen, an die man sich verlieren kann: dann besteht die Gefahr, daß in einer internationalen Krise der Krieg zum Verführer wird und als Befreier von einem flügellahmen Frieden begrüßt wird. Das moralische Äquivalent ist entdeckt worden. Die Leidenschaft des Rettens entbindet eine Dynamik der menschlichen Seele, die noch gewaltiger ist als die Dynamik des Krieges. Das ist eine ermutigende Erfahrung, die immer wieder bestätigt worden ist. ...

Ich fasse zusammen: In der ganzen freien Welt setzen sich heilende Kräfte in Bewegung – werden sie rasch genug in die kranke Gesittung hineindringen? Der Verfall geht in einem beunruhigenden Tempo vor sich.

Wir brauchen Ereignisse, die die öffentliche Meinung aufschrecken und der Erkenntnis zum Durchbruch verhelfen, daß es heute gilt, unsere Jugend vor der Verwilderung, der Verweichlichung und der Verflachung zu bewahren. Nur unter dem Druck der öffentlichen Meinung werden die Regierungen sich entschließen, die entscheidende Reform des Erziehungswesens ins Werk zu setzen, und zwar eine Reform, die nicht nur der lernenden, sondern auch der arbeitenden Jugend zugute kommt. Kennedy ist der erste Staatsmann in der freien Welt gewesen, der im Frieden der

Jugend Aufgaben anbot, die den ganzen Menschen anfordern. Auch in Europa wird der Ruf „Ihr werdet gebraucht" einen beachtlichen Teil der jungen Generation einsatzbereit finden.

Ich erwarte viel von einer Konvention, die im Mai 1963 in London zusammentritt, um über Unfallverhütung und Lebensrettung zu diskutieren, gerade auch über die wiederentdeckte Methode der Beatmung bewußtloser Menschen. Das Royal College of Surgeons, beunruhigt über die allgemeine Gleichgültigkeit gegenüber dem sinnlosen Tod, hat diese Konvention zusammengerufen. Die Regierung, Rettungsorganisationen und Schulen werden vertreten sein. Bedeutende Ärzte werden die öffentlichen Verhandlungen leiten. Es besteht die Absicht, einen dreifachen Ruf erklingen zu lassen:

- Den Ruf an Schulen, der Ersten Hilfe und dem Rettungsschwimmen einen gebührenden Raum im Wochenplan einzuräumen.
- Den Ruf an die Rettungsorganisationen, ihre Tore der heranwachsenden Generation zu öffnen und Vertrauen zu haben in die Kompetenz und Hingabe sorgsam geschulter junger Menschen.
- Den Ruf an die Jugend, sich einzusetzen im Kampf gegen den unnötigen Tod.

Ich glaube nicht, daß dieser Ruf wirkungslos verhallen wird. Ich hoffe, daß sich ein Corps des Rettens und Helfens zusammenfinden wird, dem auch junge Freiwillige angehören. Das Corps sollte mannigfaltig gegliedert sein: in Helfer der Feuerwehr, der Küstenwache, in Brandungsschwimmer, in Bergwacht, in Helfer der Verkehrspolizei, Helfer der Blinden und Helfer in Krankenhäusern. Jeder Zweig dieses Corps würde eine besondere Aufnahmeprüfung verlangen, zu der niemand zugelassen würde, der nicht vorher eine allgemeine Bereitschaftsprüfung abgelegt hätte, in Erster Hilfe, Rettungsschwimmen und körperlicher Tauglichkeit.

Ich erwarte keine Massenbewegung der Freiwilligkeit. Aber eine achtunggebietende Minorität würde sich nicht versagen. Wir brauchen weithin sichtbare Beispiele, die Schule machen, ja, eine Mode der freiwilligen Dienstleistung kreieren. Wir brauchen die Aristokratie der Hingabe. (...)

Seit Chruschtschow im Oktober 1956 zugab, daß Mord und Massaker und Folter wesentliche Bestandteile des Stalinistischen Regimes gewesen sind, ist eine Sehnsucht nach Gedankenfreiheit in Rußland zu spüren. Sie hat sich jahrelang nur schüchtern an die Oberfläche gewagt, aber sie ist heute eine seelische Macht, mit der man rechnen muß. Eine beunruhigte Jugend blickt nach dem Westen, voll Mißtrauen, aber auch nicht ohne Hoffnung, und stellt eine Frage, die uns erröten macht: „Ist es euch ernst um die Ideale, die ihr verkündet?" Wer soll die Antwort geben? Ich sage: Junge Menschen, die freiwillig harten Dienst auf sich nehmen, um bereit zu sein, dem Nächsten in Not und Gefahr beizustehen.

Zwei gute Europäer haben erleuchtende Worte gefunden für die Hoffnungen, an denen wir uns heute aufrichten. Ich würde es begrüßen, wenn diese Worte in die Mauer der schönen Bibliothek von St. Donat's weithin sichtbar eingemeißelt würden:

Winston Churchill gab uns das Mahnwort:

„Wird aus den Feuern des Krieges die Versöhnung der verfeindeten Völker erstehen? Werden sie sich zusammenfinden, eine jede Nation in Sicherheit und Freiheit, getreu ihrer Sendung, auf daß die Herrlichkeit Europas erneuert werde?"

George Trevelyan tat den Ausspruch:

„Zwei Leidenschaften werden sich nicht auslöschen lassen in der Geschichte der Menschheit: die Liebe zum Vaterland und die Liebe zur Freiheit, aber sie können rein gehalten werden durch etwas, was sie zähmen kann, ohne sie zu schwächen – die Liebe für den Menschenbruder."

Quellennachweis

1. Brief vom 16. November 1904: Archiv für soziale Demokratie bei der Friedrich Ebert Stiftung, Bonn (Nachlaß L. Nelson)
2. Rede des Prinzen Max von Baden am 14. Dezember 1917. Generallandesarchiv Karlsruhe (Protokoll des Landtags)
3. Entwurf Nr. III. Aus: Alma Luckau: The German Delegation at the Paris Peace Conference, Nachdruck New York 1971, S. 218–220
4. Brief vom 6. August 1921: Privatarchiv Warburg, Hamburg
5. Die nationale Aufgabe der Landerziehungsheime. Aus: Die Eiche 19 (1931), S. 319–334
6. Brief vom 15. September 1930: Badische Landesbibliothek Karlsruhe (Nachlaß Leopold Ziegler)
7. An die Mitglieder des Salemer Bundes: Archiv der Schule Schloß Salem, Salem
8. A German Public School. Aus: The Listener, 17. Januar 1934 (Übersetzt von Margret Sittler und Michael Knoll)
9. A Discovery; The Public School – A Centre of Social Service; Foundation of the Outward Bound Sea School. Aus: Kurt Hahn: Ten Years of Gordonstoun. An Account and an Appeal, Privatdruck (1944), S. 4f., 8f., 18f. (Übersetzt von M. Sittler und M. Knoll)
10. A Badge for Fitness. Aus: The Times, 5. April 1938 (Übersetzt von M. Knoll)
11. Über das Mitleid. Aus: Kurt Hahn: Erziehung zur Verantwortung. Reden und Aufsätze, Stuttgart 1958, S. 50–56
12. Kurzschulen. Aus: Neue Zürcher Zeitung, 6. März 1952
13. Atlantikschulen der Nationalitäten. Ein europäischer Schulplan. Aus: Der Europäische Osten 5 (1959), S. 39–43
14. Erziehung und die Krise der Demokratie. Aus: Stiftung Freiherr vom Stein Preis, Hamburg, Privatdruck [1962], S. 15–44

(An einigen Stellen wurden – um der Lesbarkeit und Einheitlichkeit willen – kleine redaktionelle Änderungen vorgenommen.)

Weiterführende Literatur

Eine im ganzen verläßliche Übersicht über Kurt Hahns Schriften und die Sekundärliteratur bis 1969 gibt:
- Karl Schwarz: Bibliographie der deutschen Landerziehungsheime, Stuttgart 1970, S. 33–46

Als Ergänzung zur vorliegenden Textsammlung sei insbesondere auf zwei Bücher hingewiesen:
- Prinz Max von Baden: Erinnerungen und Dokumente, Stuttgart 1927, Neuausgabe 1968 (die Memoiren sind eine Gemeinschaftsarbeit von Kurt Hahn und Prinz Max von Baden)
- Kurt Hahn: Erziehung zur Verantwortung. Reden und Aufsätze, Stuttgart 1958 (die Aufsätze erscheinen zum Teil nicht in der ursprünglichen Druckfassung)

Mit Kurt Hahn und seinen Gründungen befassen sich vor allem:
- Hermann Röhrs (Hrsg.): Bildung als Wagnis und Bewährung. Eine Darstellung des Lebenswerkes von Kurt Hahn, Heidelberg 1966 (immer noch umfassendste Darstellung von Hahns Denken und Wirken)
- Karl Schwarz: Die Kurzschulen Kurt Hahns. Ihre pädagogische Theorie und Praxis, Ratingen 1968 (von allgemeiner Bedeutung Teil I über die „Grundlagen" der Pädagogik Hahns)
- Robert Skidelsky: Schulen von gestern für morgen. „Fortschrittliche Erziehung" in englischen Privatschulen, Reinbek 1975 (im Teil IV kritische Interpretation von Hahns Erziehungsphilosophie)
- Hermann Röhrs (Hrsg.): Die Schulen der Reformpädagogik heute, Düsseldorf 1986 (darin Aufsätze über Salem, die Outward Bound Kurzschulen und United World Oberstufenkollegs)

Eine umfangreiche Sammlung der Schriften von und über Kurt Hahn befindet sich im Archiv der Schule Schloß Salem.

Zeittafel

1886	5. Juni: Kurt Hahn als Sohn des Industriellen Oskar Hahn und seiner Frau Charlotte, geb. Landau, in Berlin geboren. Drei Brüder. Erziehung im jüdischen Glauben
1904	Abitur am humanistischen Kaiser Wilhelm Gymnasium. Studium vor allem der Philosophie und Philologie in Berlin, Heidelberg, Freiburg, Göttingen und Oxford (Christ Church)
1914	im Ersten Weltkrieg als Englandexperte und politischer Referent für das Auswärtige Amt und die Oberste Heeresleitung tätig. Auch politischer Vertrauter des Reichskanzlers Prinz Max von Baden
1919	Gründungsinitiator der zeitweise politisch sehr einflußreichen *Heidelberger Vereinigung*. Teilnahme an der Friedenskonferenz in Versailles als Berater u. a. für Außenminister Graf Brockdorff-Rantzau
1920	Mitgründer der *Schule Schloß Salem,* später Eröffnung der Zweigschulen Hermannsberg, Spetzgart, Hohenfels, Birklehof
1923	Mitinitiator des *Instituts für auswärtige Politik,* Hamburg
1932	Stellungnahmen gegen die nationalsozialistische Gewaltpolitik
1933	Verhaftung durch die Nationalsozialisten. Verbannung aus Baden. Emigration nach Großbritannien
1934	Gründung der British Salem Schools in *Gordonstoun/* Schottland, später Eröffnung der Zweigschulen Wester Elchies und Altyre. Während des Krieges Evakuierung nach Wales
1938	britischer Staatsbürger
1941	Gründung der ersten *Kurzschule,* der Outward Bound Sea School in Aberdovey/Wales, heute gibt es weltweit ca. 30 offizielle Kurzschulen
1945	Übertritt in die Anglikanische Kirche
1949	Mitinitiator von weiteren Internatsschulen, z. B.

Anavryta/Griechenland, Louisenlund/Bundesrepublik Deutschland, später Battisborough/Großbritannien, Athenian School/USA. Gründung der *American-British Foundation for European Education,* danach der *Deutschen Gesellschaft für Europäische Erziehung,* um Schülerstipendien bereitzustellen, Tagesheimschulen und Kurzschulen ins Leben zu rufen

1953 Rücktritt als Leiter von Gordonstoun, Heimkehr auf den Hermannsberg bei Salem

1956 Gründung des *Duke of Edinburgh Award,* eines Leistungsabzeichens, um das sich jährlich 100 000 Jugendliche in fast 50 Ländern der Welt bewerben

1958 Einrichtung der *Trevelyan Scholarships,* besondere Studienstipendien für die Universitäten Oxford und Cambridge

1962 Gründung des ersten *United World College,* des Atlantic College in St. Donat's Castle/Wales, heute gibt es Oberstufenkollegs auch in Kanada, Singapur, USA und Italien

1963 Mitbegründer der *Medical Commission on Accident Prevention,* London, einer Institution, die sich im Sinne angewandter Wissenschaft der Unfallverhütung, Ersten Hilfe und Lebensrettung widmet

1974 am 14. Dezember gestorben, beigesetzt in Salem

Ehrungen
Ehrendoktorwürde der Universitäten Edinburgh, Göttingen, Tübingen und Berlin; Großes Bundesverdienstkreuz, Bundesrepublik Deutschland; Freiherr vom Stein Preis, Hamburg; C. B. E., Großbritannien; Professor, Land Baden-Württemberg; Foneme Preis, Mailand

Verlagsgemeinschaft Ernst Klett Verlag
J.G. Cotta'sche Buchhandlung
Alle Rechte vorbehalten
Fotomechanische Wiedergabe nur mit Genehmigung
des Verlags
© Ernst Klett Verlage GmbH u. Co. KG, Stuttgart 1986
Printed in Germany 1986
Umschlag: Manfred Muraro, Stuttgart
Satz: Setzerei Lihs, Ludwigsburg
Druck: Gutmann, Heilbronn

CIP-Kurztitelaufnahme der Deutschen Bibliothek

Hahn, Kurt:
Erziehung und die Krise der Demokratie : Reden,
Aufsätze, Briefe e. polit. Pädagogen / Kurt Hahn.
Hrsg. von Michael Knoll. [Diese Schr. wurde zum
100. Geburtstag von Kurt Hahn im Auftr. d.
Schule Schloss Salem hrsg.]. – Stuttgart : Klett-
Cotta, 1986.
ISBN 3-608-93364-6